ANNALES DU MUSÉE GUIMET

BIBLIOTHÈQUE DE VULGARISATION

LES SYMBOLES

LES EMBLÈMES

ET

LES ACCESSOIRES DU CULTE

CHEZ LES ANNAMITES

EXTRAIT DES PUBLICATIONS

DU MÊME AUTEUR

Les stations de l'homme préhistorique sur les plateaux du Grand-Morin, ateliers, camps, cités, monuments et sépultures des Briards primitifs, 1 vol. in-8° illustré.

Le swastika et la roue solaire dans les symboles et dans les caractères chinois (extrait de la *Revue d'ethnographie*).

Les débuts de l'enseignement français au Tonkin.

Essai sur la pharmacie annamite. — Détermination de 300 plantes et produits pharmaceutiques indigènes, avec leurs noms en annamite, en français, en latin et en chinois, et l'indication de leurs propriétés thérapeutiques d'après les pharmacopées annamites et chinoises.

Les pagodes de Hanoï. — Étude d'archéologie et d'épigraphie annamites. 1 vol. in-8°.

Le Grand Bouddha de Hanoï. — Étude historique, archéologique et épigraphique sur la pagode de Tran-Vu. 1 vol. in-8° illustré, texte français et chinois.

Les légendes historiques de l'Annam et du Tonkin, traduites du chinois et accompagnées de notes et de commentaires. 1 vol. in-8°.

Le Vexin avant les Vellocasses. — Études et découvertes d'archéologie préhistorique.

Alphabet et exercices de lecture, à l'usage des écoles du Tonkin.

Manuel militaire franco-tonkinois, ouvrage adopté par l'état-major général de la division d'occupation de l'Indo-Chine pour les troupes indigènes accompagné du texte hiéroglyphique.

Bai-tap-tiêng-Annam, Exercices pratiques de langue annamite, à l'usage des Annamites et des Français.

Les chants et les traditions populaires des Annamites, 1 vol. illustré.

Du rôle politique de l'éducation dans l'enseignement français en Indo-Chine. — Mémoire présenté au Congrès colonial international, tenu à Paris en 1889. In-8°.

ANGERS, IMP. A. BURDIN ET Cⁱᵒ, 4, RUE GARNIER.

LES SYMBOLES

LES EMBLÈMES

ET

LES ACCESSOIRES DU CULTE

CHEZ LES ANNAMITES

NOTES D'ETHNOGRAPHIE RELIGIEUSE

PAR

\G. DUMOUTIER |

Correspondant du Ministère de l'Instruction publique, Inspecteur de l'Enseignement
Franco-Annamite, Chargé d'une mission scientifique en Indo-Chine.

ILLUSTRÉ DE DESSINS ANNAMITES

PARIS

ERNEST LEROUX, ÉDITEUR

28, RUE BONAPARTE, 28

—

1891

AVANT-PROPOS

L'Extrême-Orient est par excellence le pays
de la tradition religieuse ; il est impossible depuis
les confins de l'Inde jusqu'aux extrêmes limites
de la Chine et du Japon, de séparer, dans les
études ethnographiques, les institutions civiles
et politiques des peuples de leurs institutions
religieuses, tellement celles-ci ont imprimé à
celles-là une forme et une couleur spéciales.

C'est bien là le pays de la réminiscence, du
symbole, de l'emblème ! rien n'est laissé à la
fantaisie, à l'imagination, tout est voulu, prévu,
ordonné, codifié ; il n'est nulle part au monde de
milieu aussi conservateur ; les gens s'habillent
comme s'habillaient leurs ancêtres il y a quinze
siècles, les ustensiles les plus incommodes ne
s'y perfectionnent pas, les croyances les plus
absurdes s'y perpétuent même lorsqu'il est bien
avéré qu'elles sont absurdes. Les Chinois modernes n'ignorent pas, en général, que la terre
est ronde, quelques-uns d'entre eux en ont fait

le tour, ce qui ne saurait les empêcher de se
conformer au rituel des funérailles, lequel prescrit aux enfants de suivre le cercueil de leurs
parents appuyés sur un bâton dont la moitié
supérieure doit être arrondie en mémoire du
ciel *qui est rond*, et l'autre moitié carrée en mémoire de la terre, *qui est carrée*.

L'ethnographie religieuse doit constituer le
premier chapitre de l'histoire de toute nation
asiatique. Nul ne saurait prétendre à la connais-
sance approfondie d'un peuple s'il n'en connaît
l'esprit et les traditions religieuses, comme il
n'est guère possible d'apprécier un acte sur un
fait si l'on n'en comprend ni le mobile ni l'in-
tention.

Hanoï, 27 *novembre* 1890.

G. DUMOUTIER.

L'allégorie de la pêche repose sur une légende : les Annamites disent que dans le ciel se trouve un vaste jardin de pêchers dont les fruits mettent les uns mille, les autres six mille ans pour arriver à maturité. Celui qui peut manger une de ces pêches est assuré de vivre autant que le ciel et la terre. Ils appellent ces fruits les *pêches de fée*, et y font allusion dans toutes les circonstances.

Le bois de pêcher est un bois dont on se sert pour tracer des formules magiques ; il éloigne les démons ; il est consacré au soleil ; les fleurs du pêcher sont l'emblème de la jeunesse et de la virginité de la femme, et les fruits, le symbole du bonheur dans la famille.

Les caractères *Phuc* et *Tho* employés comme symbole ornemental sont, le plus souvent, de forme antique ; il y en a de ronds, de carrés, et d'autres en forme de vase.

A part ces caractères, on trouve encore dans

proviennent d'une tribu qui ne comptait à l'origine que cent familles ; car nous regardons comme une quantité négligeable les Mandchoux qui les ont vaincus et se sont laissés chinoiser par eux. Rien n'est plus naturel du reste que cette progression mathématique de la population. Une simple addition montre que d'un couple vivant ayant 2 enfants seulement, si on suppose que chacun de ces 2 enfants en procréera lui-même 2 autres, on obtiendra 4 enfants à la seconde génération, 8 à la troisième, 16 à la quatrième, etc. On peut, en poursuivant la série, évaluer à 112 le nombre des descendants du premier couple au bout de deux siècles, à 1,992 après trois siècles, à 31,912 après quatre siècles, à 511,792 au cinquième siècle, à 8,188,672 au sixième, à 32,650,688 au septième. Voilà des résultats rassurants, ou effrayants, comme on voudra.

l'iconographie tonkinoise, un certain nombre de figures symboliques destinées à attirer le bonheur sur les familles. L'image du coq, collée sur la porte, éloigne les démons ; c'est une vieille croyance que l'on retrouve même en France, où nos paysans disent que le chant du coq disperse les fantômes de la nuit. Shakespeare parle de cette croyance dans le Ier acte d'*Hamlet*. En Extrême-Orient, le coq est l'emblème du soleil dont il annonce l'apparition par son chant matinal ; il est consacré à l'orient parce que c'est le point du ciel où le soleil se lève. Il ouvre la terre à la lumière, à la vie, c'est pourquoi il est d'usage de sacrifier trois coqs à l'ouverture du printemps, qui est l'aurore de l'année, et que les enfants qui viennent à l'école pour la première fois offrent un coq à leur maître, dont les leçons dissipent les ténèbres de l'ignorance et ouvrent l'esprit aux lumières de la science. A cette croyance se rattache l'usage universel de manger les œufs de printemps, ou œufs de Pâques, usage retrouvé chez les Perses, les Égyptiens, les Juifs, les Grecs, les Russes, les Chinois, etc. [1].

Les images représentant des coqs, collées sur les portes au nouvel an, sont accompagnées de vers en annamite vulgaire :

Le coq a cinq vertus, comme le phénix,

---

1. Voy. sur les œufs de printemps : *Feung-sou-t'ong*, chap. viii cité par de Groot, *Les fêtes annuelles à Emoui (Annales du Musée Guimet*, t. XI) ; le calendrier, de, *King Tc'hou* ; Hutchinson, Le Brun, l'abbé d'Auteroche, Chandler, etc., et Schlegel, *Chinesische Braüche und Spiele in Europa*.

Son front est surmonté d'une petite montagne ;
Son chant disperse les mauvais esprits,
Son image à la porte assure une longue et paisible existence.

Dans certaines parties du Tonkin, vers la rivière Noire, on colle aussi sur la porte l'image d'un cochon, dont la croupe est ornée d'un *Tai-Ky* (Dai-Cu'c).

AM DU'O'NG

EN CHINOIS, *Yn Yang*

Les Chinois l'appellent encore *Tai-Ky*, les Annamites prononcent ces deux syllabes *Dai-Cu'c* (Grand Extrême).

C'est un cercle divisé en deux parties, l'une noire, l'autre blanche par deux demi-cercles opposés (fig. 3).

Ce symbole figure les deux influences contraires, le bien et le mal, la chaleur et le froid, le mouvement et le repos, etc., dont la combinaison et l'action commune ont créé tous les êtres et produit toutes les choses.

C'est le système de dualité génératrice que l'on rencontre dans les Védas, dans l'Avesta, et jusque dans les théories de certains philosophes grecs. On a retrouvé cette figure du Am-Du'o'ng chez les peuples les plus éloignés et les plus différents des Chinois ; c'est probablement le plus ancien signe symbolique de l'humanité.

Le cercle figure le ciel, les deux parties noire et blanche sont le jour et la nuit, se pénétrant mutuellement et s'entraînant autour d'un axe. Ce mouvement giratoire qui les ramène l'un et l'autre alternativement au même point produit la succes-

Fig. 3. — Am-Du'ong ou Dai-Cu'c.

sion de la lumière et de l'obscurité. Deux petits globules, l'un blanc pour la partie noire, l'autre noir pour la partie blanche, représentent le soleil et la lune ; leur alternance donne la chaleur et le froid ; c'est également l'emblème de la vie et de la mort.

Les Chinois et, d'après eux, les Annamites ont bâti toute une série de systèmes cosmogonique, philosophique, métaphysique, chimique, thérapeutique, divinatoire, etc., sur les combinaisons de ces deux influences contraires, tout se rapporte au Am-Du'o'ng. Le plus ancien livre de la Chine, le *Y-King* [1] (Diêc-Kinh), paraît être une dissertation très obscure sur cette matière.

Il est infiniment probable que cet antique symbole a été transmis aux Chinois par les peuples primordiaux qui habitaient le plateau central asia-

---

[1]. Le *Y-King*, ou Livre des changements. C'est, selon toute probabilité le plus ancien livre écrit de l'humanité. Il a précédé l'*Avesta* des Perses, il est antérieur au *Mahabhârata* des Indous. C'est, pour les Chinois, le prototype de la figuration symbolique de la pensée humaine; c'est la source, dont le point de départ mystérieux est à peine perceptible au milieu de l'obscurité des temps mythologiques, de ces grands courants littéraires auxquels s'abreuve la Chine depuis cinquante siècles; il est peu de documents plus antiques, plus authentiques et plus importants : c'est un livre préhistorique.

Il se composait jadis de trois livres, dont les deux premiers, le *Lien-chan* et le *Kouéi-tsang*, ont complètement disparu, ne laissant que la trace de leur titre dans un passage du rituel des Tchéou (le Tchéou Li). Le troisième de ces livres, le *Tchéou-Y*, titre qui signifie *changements dans la révolution circulaire*, n'a pas d'abord reçu la forme sous laquelle il est parvenu jusqu'à nous. Le sens même qu'y ont, par la suite, attaché la plupart des commentateurs est un sens supposé; le sens primitif en était depuis longtemps perdu.

La subtance première du *Y-King* a pour base l'œuvre de Fou-Hi (2900 av. J.-C.). Onze cent cinquante ans avant notre ère, le prince *Ouen-Ouang* entreprit d'en donner une glose; elle fut continuée par son fils *Tchéou Kong*. Enfin Confucius, se faisant l'interprète des uns et des autres, composa plusieurs commentaires et donna au livre la forme que nous lui connaissons. Le *Y-King* a été l'objet d'une très savante traduction de la part de M. P.-L.-F. Philastre. (V. *Annales du Musée Guimet*, t. VIII, Paris, E. Leroux, 1885.)

tique, et qu'il ne fut d'abord que la figure du dieu des Aryens.

Les Aryens adoraient le ciel (Dyaus)[1] : les cartes du ciel que l'on trouve dans les plus vieux livres chinois offrent une ressemblance frappante avec la figure du Dai-Cu'c ou Am-Du'o'ng. Dans ces cartes, la circonférence du ciel (« Le ciel est rond, la terre est carrée » disent certains classiques chinois), est divisée en deux par une ligne à double courbure qui représente la voie lactée ; il en est aussi où la circonférence céleste est claire d'un côté et obscure de l'autre[2].

Les sorciers annamites ont toujours avec eux, pour rendre leurs oracles, une boussole chinoise et un tableau en bois du Am-Du'o'ng dont les deux parties sont verte et rouge. Ce tableau est entouré par les diagrammes de Phuc-Hi[3].

1. Ils adoraient le Ciel comme étant l'auteur de tout ce qui existe et le nommaient *dyaus-pitar*, c'est-à-dire le *Ciel*, *père* ; *diaus*, chez les Grecs, est devenu Ζευς (au génitif Διος). Le radical de *Dyaus* est *div* ou *diu* qui signifie *briller* ; le mot arien *dyaus-pitar* a fait le latin *Diespiter*, *Jupiter*. — Le dérivé sanscrit de *dyaus* est *daivas*, puis *divas* qui signifie *jour*. C'est de ce radical aryen unique qui signifie *ciel*, *lumière*, *jour*, que sont dérivés la plupart des mots dont se servent les Indo-Européens pour nommer l'Être suprême : le grec Θεος, le vieux germain *Teut*, le gothique *Dags* (qui a fait l'allemand *Tag*), etc.

2. Nous avons développé cette hypothèse dans une étude sur *le swastika et la roue solaire dans les symboles et dans les caractères chinois*, publiée dans la *Revue d'ethnographie*, n° 4, juillet-août 1885, tome IV. Paris, Ernest Leroux.

3. *Phuc-Hi* est la prononciation annamite de *Fou-Hi*, nom de l'auteur du *Y-King*.

Quelques jours avant la fête des lanternes que l'on appelle au Tonkin le *Têt* des enfants [1], on fabrique à Hanoï d'énormes quantités d'un jouet

Fig. 4. — Les deux dragons qui se disputent la lune.

que l'on ne retrouve plus du tout pendant le reste de l'année ; c'est un hochet cylindrique en bambou recouvert de papier et sur les deux faces duquel

[1]. Le mot *Têt* signifie *fête, réjouissance publique*. Le *Têt* des enfants, ou *fête des lanternes*, a lieu au Tonkin le 15e jour du 8e mois annamite.

est peint le Am-Du'o'ng. — Le Musée ethnogra-
phique du Trocadéro possède un hochet semblable
orné du même symbole qui a été recueilli chez les
Indiens du Nouveau-Mexique.

Le Am-Du'o'ng décore les maisons; il attire sur
elles le bonheur, il est dans ce cas toujours associé
aux diagrammes de Phuc-Hi et aux tableaux magiques du Ha-Do et du Lac-Thu[1]. Sur les broderies,
les Annamites représentent souvent le Am-Du'o'ng
entre deux dragons ; cette image est connue sous le
nom de *les deux dragons qui se disputent la lune.*

Avec les caractères *Phuc* et *Tho* et le *swastika*,
c'est le signe le plus fréquemment employé dans
l'Extrême-Orient.

LA CROIX GAMMÉE

Chu'-Van

C'est la forme la plus ancienne de la croix, c'est
le *swastika*[2], l'emblème bouddhique de la plus haute

1. V. *Ha-Do*, page 25; *Lac-Tho*, page 28.
2. *Swastika* est un mot sanscrit dont voici l'étymologie :
Su (ou *Sw*), radical qui signifie *bien, excellent,* d'où *suvidas,*
prospère. C'est l'équivalent du grec ευ (ευείδης).
Asti : 3ᵉ pers. sing. de l'indicatif présent du verbe *as,* être,
lequel n'est autre que le *sum* des Latins.
Ka : suffixe formant les mots abstraits.
Swastika veut donc dire *ce qui est bien, ce qui est excellent.*

LE DRAGON

QUI TIENT LE BONHEUR DANS SA GUEULE

Parmi les croyances superstitieuses des Annamites, il en est peu d'aussi singulière que celle
racontée par la légende suivante que nous avons
recueillie au Tonkin :

« Un Chinois géomancien, venu en Annam pour
exercer son art, découvrit, dans un lac profond,
un dragon d'or qu'à de certains indices il reconnut
pour être doué d'une puissance supérieure à celle
de tous les autres dragons. On sait que les dragons
sont les dispensateurs de la puissance et du
bonheur en ce monde. Quand un homme parvient

---

del sepolcreto scoperto presso. Bologna, 1856. — G. de Mortillet,
Le signe de la croix avant le christianisme, 1866. — Mourant
Brock, M. A., La croix païenne et chrétienne, traduit en français. Paris, 1881, Leroux. — Marquis de Nadaillac, L'Amérique
préhistorique; Dr Phéné, Prehistoric Customs, Mémoires de
l'Institut de Victoria. — V. Wilson, Asiatic Researches; Wilkin-
son, Ancient Egyptians.

Dr Smith, Dictionnaire de l'antiquité; Rosellini, Monumenti.
Millingen, Vases grecs, in-fo, Rome, 1847. — Dr E.-T. Hamy,
Décades américaines; Le swastika et la roue solaire en Amé-
rique. (Revue d'ethnogr., t. IV, p. 14, 1885.)

Comptes rendus des séances du Congrès international d'anthro-
pologie et d'archéologie préhistoriques de 1889, Paris.

L. de Milloué, Le Svastika ou Croix Gammée (Bull. de la Soc.
d'anthr. de Lyon, p. 189, 1882).

à placer les ossements de son père dans la gueule
d'un pareil dragon, il est sûr de devenir roi. Notre
Chinois ne l'ignorait pas, mais comme il ne savait
pas nager, il fit un paquet des os de son père et
chercha dans la contrée un habile plongeur qui
consentît à descendre au fond du lac et à placer ce
paquet dans la gueule du dragon; il promettait un
lingot d'argent en cas de réussite.

« Le lac était profond, personne n'osait tenter
l'aventure et le Chinois désespérait de l'entreprise
lorsqu'un jeune homme, un jour, se présenta pour

Fig. 6. — Le Dragon qui tient le bonheur dans sa gueule. — *Con
rồng an chu' phue.*

descendre au fond du lac; le Chinois accepta avec
enthousiasme et offrit spontanément de doubler la
somme promise; ils prirent rendez-vous pour le
lendemain, au bord du lac, et le jeune homme
retourna chez lui.

« Ce plongeur était d'une habileté sans égale;
fils d'une femme et d'une loutre, il participait des
qualités amphibies de son père et pouvait impuné-
ment séjourner sous les eaux.

« , La mère seule vivait encore et l'on conservait les ossements du père suspendus dans un coin de la case ; il prit ces ossements, les réduisit en poudre, les mélangea à du riz, en fit un gâteau et, le lendemain, porteur de ce gâteau, se présenta au Chinois en lui disant : « Peut-être l'expédition « sera-t-elle longue et difficile , permettez-moi « d'emporter des provisions. »

« Le Chinois, sans défiance, se prit à rire de cette précaution et remit au jeune homme le paquet qu'il avait préparé. Le jeune homme s'en saisit et plongea.

« Quand il fut descendu au fond du lac, il se trouva en face du dragon d'or ; celui-ci ouvrait une gueule formidable. Le jeune homme prit son temps et regardant autour de lui aperçut une pierre qu'il souleva et sous laquelle il mit le paquet du Chinois, puis, saisissant le gâteau dans lequel il avait introduit les os de son père, il le précipita dans la gueule du dragon qui se referma immédiatement,

« Lorsque le Chinois vit revenir le plongeur, il se réjouit et lui remit la somme convenue ; puis, il rentra dans son pays attendant les événements qui devaient le placer sur le trône. Il les attendrait encore s'il n'était pas mort depuis plus de mille ans ; ce fut le jeune homme qui devint roi, il régna sous le nom de Dinh-Tiên-Hoang, de 968 à 980 de notre ère[1]. »

1. *Dinh Tiên Hoang*, fondateur de la monarchie annamite, reprit le Tonkin aux administrateurs chinois qui avaient le

Les Annamites racontent plusieurs légendes analogues; ils sont convaincus que l'inhumation de leurs parents, sinon dans la gueule du dragon, ce qui n'est l'apanage que d'un nombre infime de privilégiés puisque cela assure la couronne, mais du moins le plus près possible de la tête ou d'un organe essentiel, comme le cœur, leur garantira la richesse et le bonheur. Aussi, les géomanciens sont-ils toujours consultés pour la détermination du lieu de la sépulture [1], et il n'est pas rare de

centre de leur gouvernement à Dai-La-Thanh, près de Hanoï Il voulut établir sa capitale à son village natal, fit construire des palais pour sa famille et les différents services civils et militaires. Il reste encore quelques vestiges de cette première capitale monarchique du Tonkin; elle s'appelait alors *Hoa Lu'*: Son emplacement est aujourd'hui occupé par les villages de Tru'on'g Yen Thu'o'ng, Tru'o'ng Yen Ha, du canton de Tru'o'ng Yen; Quan Vinh du canton du même nom, et Trung Tru', du canton de La-Mai, le tout appartenant à la sous-préfecture de Gia-Vien, est situé sur un petit cours d'eau affluent de la rivière de Phu-Nho, dans la province de Ninh-Binh.

Le tombeau du roi Dinh est au sommet de la montagne dite Yen-Ma-Son, falaise presque à pic, de 80 mètres de hauteur, très difficile d'accès, qui se dresse au milieu de l'ancienne capitale. Le tombeau de son usurpateur, Lê-dai-Hanh se trouve au pied de la même falaise.

C'est l'an 1010 que le roi Ly, premier de la dynastie, transporta le siège du gouvernement de Hoa-Lu' à Thang-Long qui est aujourd'hui Hanoï.

1. La détermination géomantique des différents organes du dragon terrestre a été de tout temps la grande préoccupation des Annamites. Les diverses dynasties qui ont régné à Hanoï ont toutes voulu fixer, chacune à leur profit, le Dragon impérial dont le corps traverse ce territoire privilégié. Lorsque au commencement du ixe siècle de notre ère, le général chinois *Cao*

« Sa carapace et ses membres étaient couverts de points rangés en ligne de 1 à 9 ; elle portait 9 points sur la tête, 1 point sur la queue, 3 points sur le côté gauche, 7 points sur le côté droit, sur la patte de gauche 4 points, 2 points sur la patte de droite, 8 points sur le pied gauche de derrière, 6 points sur le pied droit.

« Rentré chez lui, le roi Vu composa un tableau représentant exactement les signes qu'il avait observés sur la tortue, et il s'en inspira pour établir les neuf divisions ou têtes de chapitre du *Thu-Kinh* : la première division s'appela *Ngu-Su'*, les cinq choses ; la seconde *Ngu-Hanh*, les cinq éléments ; la troisième *Tam-Du'c*, les trois vertus ; la quatrième *Luc-Cu'c*, les six extrêmes ; la cinquième *Thu'tru'ng*, les quatre témoignages ; la sixième *Kêng-hi*, la dissipation des doutes ; la septième *Bát-Chinh*, les huit devoirs ; la huitième *Ngu-Phuc*, les cinq bonheurs ; la neuvième *Ngu-Ky*, les cinq inscriptions. »

Les points observés sur la tortue étaient carrés ; les philosophes chinois ont donc rapporté le symbole du Lac-Thu' à la terre qui, d'après eux, est carrée [1].

Ces deux tableaux, du *Ha-Do* et du *Lac-Thu'*, servent aux magiciens pour consulter les sorts et rendre des oracles. Les livres annamites d'art mi-

---

1. Nous avons déjà mentionné plus haut cette vieille croyance chinoise ; elle est encore aujourd'hui propagée dans les écoles du Tonkin par le *Diéc-Kinh*.

litaire enseignent la façon de disposer les troupes pour le combat selon les formules du *Ha-Do* et du *Lac-Thu'*. Il faut 7,600 hommes pour l'ordre de bataille du *Ha-Do*; le général en chef se place au centre avec 1,000 hommes; il est précédé et suivi de 4 compagnies, de chacune 200 hommes, et flanqué, à droite et à gauche, de plusieurs corps de troupes d'un total de 5,000 hommes. Les compagnies ont chacune un nom particulier : le *dragon*, le *serpent*, le *tigre*, la *lune*, le *nuage*, l'*oiseau*, le *ciel*, la *terre*, etc... Chacune doit obéir à des signaux donnés soit par un tambour, soit par un gong de métal; les commandements sont transmis au moyen d'un porte-voix.

LE CHEVAL-DRAGON

LONG-MA

C'est le second des Tu' Linh.

Nous avons vu dans un article précédent que le Long-Ma avait apporté, figurés sur son corps, certains signes dont Phuc-Hi avait composé le Ha-Do', et qui lui avaient servi à la combinaison de la première écriture connue.

C'est pour cela qu'on représente le cheval-dragon avec un livre sur son dos; il apporte au monde la

civilisation avec le *Livre*. C'est un symbole philosophique qui ne manque pas de grandeur.

Certaines légendes locales veulent qu'il soit descendu du ciel. Il a la tête d'un dragon et le corps
d'un cheval, il est tout couvert d'écailles ; les Annamites prétendent qu'il aime tellement les créatures
qu'il ne marche qu'avec les plus grandes précau-

Fig. 9. — Le Cheval-Dragon. — *Con Long-Ma.*

tions de peur d'écraser les moindres insectes. Il
pousse même ce sentiment jusqu'à refuser de se
nourrir d'herbes ou de plantes avant qu'elles
n'aient atteint leur complet développement.

On donne encore à cet animal le nom de *licorne*,
bien qu'il n'ait aucune ressemblance ni avec la
licorne apocalyptique ni avec la licorne héraldique.

LA TORTUE

CON-RUA

La tortue est le premier des Tu'-Linh ou quatre animaux symboliques : les Tu'-Linh comprennent la Tortue, le Phénix, le Dragon et le Cheval-Dragon.

On représente la tortue portant sur son dos le livre, qui symbolise le Lac-Tho ; elle tient dans sa gueule une branche de corail (ngoc nu'o'c).

Les Annamites en ont fait l'emblème de la longévité ; elle aida Ban-Co, le premier homme, lorsqu'il sortit le monde des brouillards du chaos ; avec son dos bombé elle représente le ciel, avec son ventre plat elle figure la terre.

L'empereur Hoang-Dê (4,500 avant Jésus-Christ) peignait une tortue sur ses étendards ; il y associait le serpent, pour la raison que les vieux Chinois croyaient que la tortue n'avait pas de mâle et qu'elle était fécondée par le serpent.

Le Lê-Ky, code du cérémonial des empereurs, prescrit de faire précéder les cortèges impériaux d'un large drapeau de soie noire sur lequel on aura brodé ou peint un serpent et une tortue, parce que ces animaux ont la réputation d'écarter le danger et de porter bonheur.

Un semblable drapeau doit flotter à l'arrière-

garde : on l'appelle l'étendard de Tran-Vu. Dans
la religion primitive des Chinois, le nord, le sud,
l'est et l'ouest avaient chacun leur génie particulier ; Tran-Vu était le génie du nord, la tortue et
le serpent lui étaient consacrés.

Le Grand Bouddha de Hanoï n'est autre que le
génie chinois Tran-Vu dont les Annamites, tout
en respectant les origines chinoises, ont fait un
des quatre génies tutélaires de l'Annam, et dont

Fig. 10. — La Tortue. — *Con-rua.*

ils voient la réincarnation chez tous leurs grands
capitaines. On lui a conservé ses antiques attributs, la tortue et le serpent.

Sous les Tchéou, en Chine, il y avait à la cour
un service de preneurs de tortues, commandé par
un officier et quatre gradués de troisième classe [1].

Ces tortues servaient aux sacrifices du printemps.

1. Voy. Biot, « Tcheou Li », tome Ier.

Ces offrandes étaient encore un symbole : dans le nord de la Chine, les tortues hivernent, leur réveil au printemps paraît être la première manifestation de la vie ; c'est pourquoi on offrait, à cette époque de l'année, des tortues au ciel [1].

Le culte de la tortue vient certainement de la Chine ; dans les pratiques religieuses de leur taoïsme, les Chinois font intervenir la tortue à tout propos : à certains anniversaires, ils offrent des gâteaux en forme de tortue, ce qui paraît être une réminiscence des anciens sacrifices ; nous n'avons jamais vu au Tonkin de semblables offrandes.

LA GRUE SUR LA TORTUE

CON BAC TRÊN CON RUA

C'est un emblème de longévité que l'on voit dans les pagodes dédiées à Confucius, aux rois et aux génies ; il n'y en a pas dans les pagodes bouddhiques. La tortue, nous l'avons déjà dit, passe

---

1. D'après Schlegel, la tortue symbolisait, par son sommeil hivernal, l'arrêt de la vie dans la nature, et il ajoute, dans son *Uranographie chinoise*, que la constellation de la *Tortue*, il y a 18,000 ans, envahissait un quart du firmament, et « culminait aux minuits successifs de la saison hivernale » (cité par de Groot, *Les fêtes annuellement célébrées à Emoui*).

pour vivre dix mille ans et la grue mille ans; la
présence de ce symbole signifie : *Que votre mé-*

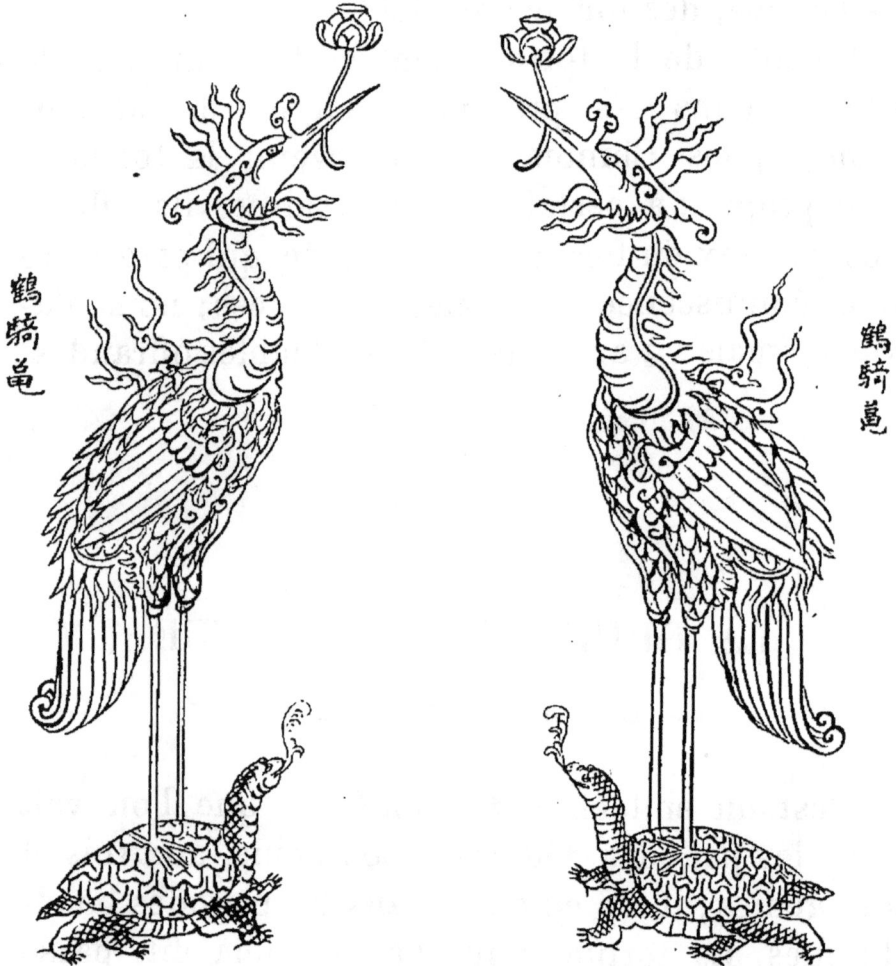

鶴騎亀 鶴騎亀

Fig. 11. — La Grue sur la Tortue, — *Con hac trên con rua.*

moire, votre culte, soit impérissable, se perpétue
pendant mille et dix mille ans. Généralement la
tortue et la grue sont en bois laqué couvert de

dorures; quelquefois, la grue seule est en bois et repose sur une tortue de pierre. Quelques-unes de ces grues ont plus de trois mètres de hauteur; on les place en avant et de chaque côté de l'autel.

Dans certaines pagodes somptueuses, dédiées aux rois, comme à Hoa-Lu', l'antique capitale de Dinh Tiên Hoang, le long cou de la grue sort de la charpente sculptée et laquée du temple, et l'animal symbolique semble soutenir la partie antérieure du toit avec sa tête.

Les Annamites fabriquent des réductions en cuivre de la grue sur la tortue; la fleur de lotus que la grue tient dans son bec est alors évidée et peut recevoir une bougie. On en garnit les autels des ancêtres.

LE DRAGON

Long

L'histoire naturelle des chinois (*Peun ts'ao Kang mou*), ouvrage écrit au point de vue médical, range, sous la dénomination de *dragons*, quatre ou cinq espèces de gros lézards et dit que *des os de dragon* se rencontrent en abondance dans certains terrains de la Chine; or, ces os appartiennent à des alligators qui ont depuis longtemps disparu du pays ; à considérer la haute antiquité de cet animal fabuleux dans les croyances des Chinois, et surtout ce fait de l'existence du dragon dans les mythologies des autres peuples anciens, comme les Indous, les Égyptiens, les Perses et les Juifs, on est porté à voir là une réminiscence des grands sauriens des temps géologiques.

Dans la mythologie bouddhique, les dragons occupent parmi les êtres une place supérieure à l'homme, ils sont doués de raison. Leurs rois sont nommés les *protecteurs de la loi de Bouddha.*

« Il y a dans la mer 177 rois des dragons, le plus puissant est le 19e ; les Chinois l'appellent So Kie Lo, c'est la prononciation du sanscrit *Sagara.* C'est lui qui répand les nuages dans l'atmosphère.

« Les dragons peuvent naître de quatre manières : d'un œuf, d'une matrice, de l'humidité et par transformation, selon qu'ils habitent au sud, au nord, à l'est ou à l'ouest, d'un arbre que l'on appelle en chinois Tcha Che Ma Li. Ils peuvent se transformer comme ils le veulent, excepté dans cinq occasions : leur naissance, leur mort, le moment de leurs ébats, la colère, le sommeil.

« Ils sont sujets à trois fléaux, le vent brûlant et le sable échauffé qui les font souffrir ; les tempêtes qui les dépouillent de leurs ornements, la voracité de Garouda qui s'introduit dans leurs palais et dévore les petits dragons [1]. »

1. *Fou Kouo Ki.* (Traduction Klaproth et Landresse.)

Les premiers ministres, établis en Chine 3,468 ans avant notre ère, d'après les chronologies chinoises, s'appelaient des dragons. Le ministre chargé de l'enseignement des belles-lettres s'appelait le *Dragon volant*. Celui qui était chargé de la rédaction du calendrier s'appelait le *Dragon qui se cache*. Le surintendant des bâtiments ou ministre des travaux publics était le *Dragon immuable*. Le *Dragon protecteur* était chargé de soulager les misères publiques. Le *Dragon terrestre* avait dans ses attributions la protection de la propriété foncière, et le *Dragon des eaux* devait établir la canalisation des sources d'eaux vives et répartir dans de justes proportions les inondations afin de faire croître les plantes.

La légende dit que Phuc-Hi avait le corps d'un dragon et la tête d'un bœuf. Phuc-Hi fut le premier philosophe, le premier administrateur des Chinois; il inventa l'écriture, les instruments de musique; le cycle de 60 ans dont les Chinois et les Annamites se servent encore pour la division du temps, la charrue; donna des instructions pour tirer le sel de la mer; écrivit un livre sur la manière de faire la guerre, un autre sur la guérison des maladies, etc.

Les Annamites disent que le dragon n'a pas d'oreilles et qu'il entend par les cornes; ils croient que la tortue, après mille ans, peut se changer en dragon.

En Europe, il est la personnification du mal, du

démon; ici, c'est tout le contraire, il est l'objet d'un respect absolu, d'une vénération générale. On dit : « Contempler la face du dragon », pour dire qu'on est en présence du roi.

Certains poissons aussi se changent en dragons, ou, plus exactement, le dragon commence souvent par n'être qu'un poisson; il faut, pour qu'il se transforme, que les nuages s'abaissent jusqu'à effleurer la surface de l'eau.

. . . .
Si vous reconnaissez en vous quelque valeur
N'ayez nulle impatience, votre tour viendra vite,
Apportant la noblesse, et la gloire et les biens.
Le dragon, le poisson, ont la même origine,
Mais combien pour chacun la destinée diffère!
Le poisson ne peut vivre hors de son élément,
Mais qu'un léger nuage s'abaisse vers le sol
Et l'on voit le dragon s'élancer dans les airs [1].

(Chanson annamite.)

Le dragon est l'emblème de la puissance et de la noblesse : on le brode sur les robes des hauts fonctionnaires, comme on brodait chez nous des fleurs de lis ou des abeilles sur les manteaux de nos souverains.

On représente dans certaines pagodes royales le dragon avec des mains humaines, aux ongles démesurés.

1. G. Dumoutier, *Les chants et les traditions populaires chez les Annamites.* Leroux, Paris, 1890.

Fig. 12. — Le Dragon. — *Long*.

Il y a deux sortes de dragons héraldiques, les *Mang* et les *Long*.

Le *Mang* est un immense serpent de terre. Le *Long* est plutôt aquatique ou amphibie. On dit une *tunique à dragons* pour un *costume officiel*.

L'empereur ne porte, sur ses vêtements, que des *Long* : ces dragons ont toujours cinq griffes aux pattes. Les fils du souverain, et parmi les princes de sa famille ceux des cinq premiers rangs, portent à la fois sur leurs tuniques des *Mang* et des *Long* ; ils sont disposés de la façon suivante : un *dragon* sur la poitrine, un autre sur le dos, deux sur les épaules ; des *serpents* (mang) garnissent le bas du vêtement par devant et par derrière, mais les *dragons* des princes n'ont jamais que quatre griffes.

En Chine, l'empereur confère parfois, comme une faveur spéciale aux personnages de la cour ou à ceux qui ont rendu de grands services à l'État, le droit de porter la *tunique dragon*. Ces tuniques sont de couleur jaune. M. Prosper Giquel, le regretté chef de la mission chinoise d'instruction en Europe, créateur de l'arsenal de Fou-Tchéou, est peut-être le seul Français qui ait été l'objet de cette haute distinction.

Jusqu'en 1293, époque de l'avènement au trône d'Annam du roi Anh-Tông, de la dynastie Tran, les souverains annamites se faisaient tatouer un dragon sur les jambes [1]. Cette coutume répugna

---

1. L'origine des tatouages remonte fort loin chez les Annami-

au jeune Anh-Tông; lorsque son père voulut l'y soumettre, il sut se dérober, le roi croyant la chose faite, on n'en parla plus, et le jeune prince, plus tard devenu roi, épargna cette opération à ses successeurs.

Les Annamites, en multipliant les images du dragon sur tous les objets qu'ils ont à décorer, obéissent à cette tradition qui, faisant du dragon le roi des nuages, le dieu de la pluie, veut qu'il soit indispensable de figurer des dragons partout pour faire descendre la pluie du ciel. « La pluie suit le dragon », disent les Chinois, et dans les temps de sécheresse ils promènent dans les rues l'image du dragon. Au temps de Confucius, un prince de Tchou fit peindre des dragons sur les murs de toutes les maisons, sur les plateaux à servir, sur les vases, et l'on remarqua, dit un auteur du temps (Vu'o'ng Trung) que la pluie ne manqua jamais dans cette partie de l'empire. Envisagé comme le dispensateur des pluies fécondantes, le dragon est encore le symbole de la fertilité et de toutes les richesses

tes. Il est dit dans les *Annales historiques* (Dai Viet Su Ky) que le peuple de Giao Chi, habitant la plaine et l'embouchure des fleuves, était fort souvent victime des serpents, des crocodiles et autres monstres aquatiques; ils s'en plaignirent à leur roi qui était de la race des dragons; le roi leur recommanda de se tatouer sur le corps des figures de dragons, et depuis lors ils purent sans aucun danger se livrer à la pêche aussi bien dans la mer que dans les fleuves.

Giao Chi est le premier nom des Annamites, il signifie *pied fourchu*, par allusion à l'écartement excessif, chez eux, du gros orteil.

du sol. Il tempère les grandes chaleurs de l'été tropical et prévient les épidémies.

En 1886, sur la proposition du général Varnet, résident général au Tonkin, fut institué par le roi d'Annam, l'ordre du « Dragon ».

Nous croyons intéresser nos lecteurs en leur donnant ci-après la traduction de l'édit royal portant création de cet ordre :

LE SOUVERAIN DE L'EMPIRE DU SUD, OBÉISSANT AUX ORDRES DU CIEL,

Et voulant reconnaître les services rendus à sa Personne et à l'Empire, a décidé d'instituer un Ordre honorifique avec insignes, destinés à témoigner publiquement de la distinction dont sont l'objet les personnes auxquelles l'ordre a été conféré.

Sur la proposition du Conseil secret de l'Empire

SA MAJESTÉ DÉCRÈTE :

*Titre I*er.

Article premier. — L'Ordre Impérial du Dragon de l'Annam est institué pour récompenser les services civils et militaires.

Art. 2. — Sa Majesté l'Empereur est chef souverain et grand-maître de l'Ordre.

Art. 3. — Les membres de l'Ordre sont divisés en cinq classes :

Chevaliers ;
Officiers ;

Commandeurs ;
Grands-Officiers ;
Grands-Croix.

Art. 4. — La décoration du Dragon de l'Annam est une étoile en métal à huit branches avec pyramide du même métal en relief, surmontée d'une couronne impériale en métal ; un dragon en métal, émaillé vert, prend la couronne en formant anneau.

Au centre, un médaillon ovale, à fond émail bleu de ciel, porte en relief quatre caractères en or : *Dông-Khanh Hoang Dê* (Dông-khanh, empereur) et quatre soleils en or, représentant des soleils héraldiques annamites, rayonnants.

Le listel du médaillon est en émail rouge serti d'or.

Art. 5. — La décoration est en argent pour les chevaliers, et or pour les officiers, commandeurs, grands-officiers et grands-croix.

Le diamètre est de 40 millimètres pour les chevaliers et officiers, et 60 millimètres pour les commandeurs.

Art. 6. — La décoration est la même pour les membres civils que pour les membres militaires de l'Ordre.

Art. 7. — Le ruban qui attache la décoration est moiré vert à bords orangés pour les membres civils.

Il est moiré blanc à bords orangés pour les membres militaires.

Le ruban a 38 millimètres de large, les bords orangés occupent 7 millimètres de chaque côté.

Titre II.

Art. 8. — Les chevaliers portent la décoration attachée

par le ruban, sans rosette, sur le côté gauche de la poitrine.

Les officiers la portent de la même manière, mais avec une rosette.

Les commandeurs portent la décoration en sautoir, attaché par un ruban de même nature, mais plus large que celui des officiers et chevaliers.

Les grands-officiers portent sur le côté droit de la poitrine une plaque à huit rayons doubles, diamantée, tout argent, du diamètre de 90 millimètres. Le médaillon du centre est celui de la décoration mais tout argent diamanté.

Ils portent en outre la croix d'officier. Les grands-croix portent en écharpe, passant sur l'épaule droite, un large ruban moiré vert, à bords orangés pour les membres civils, et moiré blanc à bords orangés pour les membres militaires; au bas du ruban est attachée une décoration semblable à celle des commandeurs mais ayant 70 millimètres de diamètre.

De plus, ils portent, sur le côté gauche de la poitrine, une plaque semblable à celle des grands-officiers.

A l'Empereur seul est réservé le droit de porter la croix de chevalier en même temps que les insignes de grand-croix que Sa Majesté portera à sa convenance.

Titre III.

Art. 9. — L'Ordre Impérial du Dragon de l'Annam est conféré par Sa Majesté l'Empereur.

Les propositions sont présentées à Sa Majesté par les ministres.

Art. 10. — Des brevets revêtus du cachet de Sa Majesté l'Empereur et contresignés par le Ministre des Rites seront délivrés à tous les membres de l'Ordre Impérial du Dragon de l'Annam.

3.

Art. 11. — Le Ministre des Rites est chargé de l'expédition des lettres d'avis et brevets.

Il tient le contrôle des membres de l'Ordre.

Fait au Palais Impérial à Hué, le 9 du 2e mois de la première année de Dông-khanh (14 mars 1886).

Par l'Empereur,

LE MINISTRE
PRÉSIDENT DU CONSEIL SECRET.

Vu : pour l'exécution,
LE MINISTRE DES RITES.

Les titres de *Chevalier, Officier, Commandeur*, etc., ne disant rien à l'esprit des Annamites, on s'est servi dans l'édit des mots *première, deuxième, troisième classe*, etc., en commençant par la dignité de grand-croix, et en attachant à chaque classe, militaire et civile, une qualification, un titre spécial qui est :

Pour les civils.

1re classe: Grand-Croix. — Perfection incomparable.

2e classe : Grand-Officier. — Sagesse éclatante.

3e classe : Commandeur.— Vertu manifeste.

4e classe : Officier.— Intégrité brillante.

5e classe : Chevalier.— Bonté digne de récompense.

Pour les militaires.

1re classe: Grand-Croix. — Mérite suprême.

2e classe : Grand-Officier. — Patriotisme digne de récompense.

3e classe : Commandeur.— Puissance manifeste.

4º classe : Officier. — Fidélité digne d'encouragement.

5e classe : Chevalier. — Mérite digne de récompense.

LE PHENIX

CON PHƯ'Ơ'NG

Cet oiseau fabuleux, qui forme le second de la série des *Tư'-Linh* ou quatre animaux symboliques, ne se manifeste aux mortels que pour annoncer l'avènement d'un grand philosophe ou d'un grand roi; il se pose alors sur l'arbre *Ngô-đồng* (en annamite *cây-vông*) et chante.

Il n'a pas paru depuis Confucius.

Les plumes de la queue du phénix sont au nombre de cinq et chacune est d'une couleur différente, rouge, blanche, noire, jaune et bleue, pour rappeler les cinq vertus cardinales.

Les auteurs prétendent qu'il a par devant la forme de l'oie sauvage, par derrière celle du cheval-dragon, qu'il a la gorge d'une hirondelle, le bec d'une poule, le cou d'un serpent, la queue d'un poisson.

Sa tête, qui ressemble à celle de la grue, est surmontée d'une aigrette. Son corps a cinq cou-

鳳

Fig. 13. — Le Phénix. — *Con Phu'o'ng.*

dées de longueur, il est gracieux comme celui du dragon, il a le dos voûté d'une tortue; son plumage est de cinq couleurs, sa queue est étagée et son ramage imite les cinq mélodies.

Sur sa tête, il porte la vertu, sur son dos la charité, dans son cœur la fidélité, et sur ses ailes la justice.

Il réside dans les lieux qui possèdent les cinq vertus cardinales [1]. Il symbolise le monde entier : sa tête représente le ciel, ses yeux le soleil, son dos la lune, ses ailes le vent, ses pieds la terre, sa queue les plantes.

Le phénix est l'oiseau le plus fréquemment représenté sur les broderies annamites.

---

1. Les cinq vertus cardinales sont : l'*humanité*, la *sincérité*, la *politesse* et l'*amour de l'étude*.

Les Annamites et les Chinois ont ainsi un grand nombre de choses qui vont par cinq :

Les cinq points cardinaux : le *nord*, le *sud*, l'*est*, l'*ouest*, le *milieu*.

Les cinq éléments : l'*eau*, le *feu*, le *bois*, le *métal*, la *terre*.

Les cinq pénalités : la *cangue*, la *bastonnade*, le *bannissement*, la *transportation à vie*, la *mort*.

Les cinq influences atmosphériques : la *pluie*, le *beau temps*, la *chaleur*, le *froid*, le *vent*.

Les cinq métaux : l'*or*, l'*argent*, le *cuivre*, l'*étain* et le *fer*.

Les cinq livres canoniques, qui sont la base de toute instruction et comme le tuf philosophique de la Chine : le *Diéc-Kinh*, le *Lé Ky*, le *Su' Kinh*, le *Thu' King* et le *Xuân Thu'*.

On compte encore les cinq sons, les cinq fruits, les cinq couleurs, les cinq titres mobiliaires, les cinq saveurs, les cinq planètes, les cinq bonheurs, etc., etc.

LES CINQ BONHEURS

Ngu Phư'o'c

Les cinq bonheurs sont : *Phuc, Qui, Tho, Khanh, Ninh*, « bonheur, richesse, longue vie, santé, tranquillité. » Il est des auteurs qui n'indiquent pas le mot *Phuc*, bonheur, dans cette série ; il est, d'après eux, le résultat des quatre autres, ils complètent la nomenclature par *Khao Chung Manh*, qui signifie « bonne mort ».

Les cinq bonheurs sont représentés symboliquement par cinq chauve-souris groupées en cercle et les ailes étendues ; parfois chacune tient un anneau dans ses dents. Nous n'avons pu trouver la raison pour laquelle les Chinois ont choisi la chauve-souris comme emblème du bonheur ; peut-être est-ce simplement parce que les caractères *bonheur* et *chauve-souris* ont la même phonétique ?

Ce symbole décore généralement le pignon ou le fronton des maisons annamites ; on le brode aussi sur les tentures. Les enfants portent souvent, suspendues à leur collier, une ou plusieurs figures en argent de la chauve-souris.

Les éléments simples de ce mode d'écriture sont : le trait continu —— *am* et le trait brisé — — *du'o'ng* ; cette écriture était toute figurative et basée sur le système de dualité dont nous avons parlé au sujet du Dai-Cu'c Am-Du'o'ng [1].

Le trait brisé *du'o'ng*, est tout ce qui est subordonné, passif, inférieur, petit, faible, réceptacle ; la mère dans la famille, le sujet dans l'État, la terre par rapport au ciel.

Le trait continu *am* est tout l'opposé de l'autre : il représente la perfection même, c'est l'air pur, l'éther, le ciel, la force active, le mouvement, l'autorité, la virilité, l'empereur dans l'État, le père dans la famille, etc.

La combinaison par trois de ces éléments simples donne les huit trigrammes dits *Bat Quai*

Ils correspondent aux huit points cardinaux [2], aux huit qualités de l'âme, aux huit sons harmoniques, aux huit parties du corps, aux huit animaux, etc. [3].

---

1. Voir plus haut, page 13.

2. Les *huit* points cardinaux dont il est question ici sont le *nord*, le *sud*, l'*est*, l'*ouest*, le *nord-ouest*, le *sud-ouest*, le *sud-est* et le *sud-ouest*.

3. Les principales choses qui vont par *huit*, chez les Annamites sont, après celles que nous venons d'énumérer :

Les huit périodes de l'année : le *commencement du printemps*, l'*équinoxe du printemps*, le *commencement de l'été*, le *solstice d'été*, le *commencement de l'automne*, l'*équinoxe d'automne*, le *commencement de l'hiver*, le *solstice d'hiver*.

Les huit matières sonores : la *calebasse*, la *terre cuite*, la *peau*, le *bois*, la *pierre*, le *métal*, la *soie*, le *bambou*.

Voici les noms annamites de ces trigrammes, et leur signification dans le tableau de Phuc-Hi : *kien*, le ciel; *doai*, les sources des montagnes; *li*, le feu ; *chân*, le tonnerre; *tôn*, la terre; *kham*, les montagnes; *cân*, les sources des plaines; *khôn*, les vents.

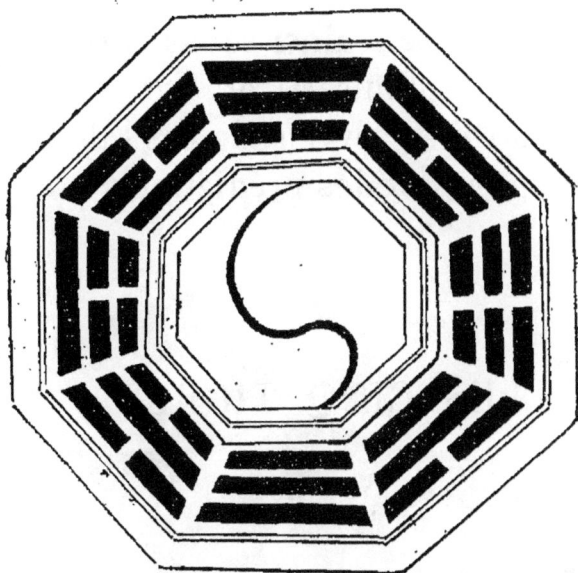

Fig. 16. — Tableau des Bat Quai de Van Vu'o'ng.

En combinant les uns avec les autres chacun de

Les huit sacrifices au *dieu du ciel*, au *dieu de la terre*, au *dieu de la guerre*, au *dieu du principe mâle*, au *dieu du principe femelle*, au *dieu de la lune*, au *dieu du soleil*, au *dieu des quatre saisons*.

Les huit recommandations religieuses; les huit immortels biberons de la dynastie Du'o'ng (celebrated wine-bibbers of the Tang dynasty), etc., *Chinese reader's Manual*, Mayers, p. 338.

ces huit trigrammes, Phuc-Hi obtint soixante quatre signes différents avec lesquels il écrivit le *Diêc-Kinh*, ou livre des changements [1].

Il y a deux tableaux des mêmes Bat Quai ; dans le premier (fig. 15) les signes suivent l'ordre que nous avons indiqué ; dans le second (fig. 16) que l'on attribue à Van-Vu'o'ng, cet ordre est interverti.

Les Annamites peignent les Bat Quai sur leurs maisons, ils les placent ainsi sous la protection des grands philisophes Phuc-Hi et Van-Vu'o'ng. Les astrologues du roi se servent de ces tableaux pour établir des augures et des prédictions.

LES CINQ TIGRES

Ngu nô

La réunion des cinq tigres symbolise les cinq éléments qui sont, pour les Annamites, la terre, le bois, le feu, l'eau, le métal.

Le *tigre jaune* est placé au centre du groupe et représente la terre ; il est assis et vu de face ; les quatre autres sont disposés de chaque côté dans l'ordre suivant :

En haut, à droite, le *tigre bleu*, qui figure l'est et le bois ;

---

1. Voir le chapitre *Am Du'o'ng*, page 13.

En bas, à droite, le *tigre rouge* figure le sud et le feu;

En haut, à gauche, le *tigre noir* figure le nord et l'eau;

En bas, à gauche, le *tigre blanc* figure l'ouest et le métal;

Fig. 17. — Les cinq Tigres. — *Ngu Hô.*

Le tigre du milieu tient parfois, entre ses pattes, l'épée et le sceau, emblèmes du pouvoir.

On colle ou on suspend ces images dans l'intétérieur des maisons pour éloigner les mauvais esprits.

Le tigre joue un rôle considérable dans les superstitions populaires au Tonkin : non seulement son image éloigne les fantômes, mais la seule évocation de son nom fait accourir des nuées d'esprits dont le pouvoir est immense. Toute la sorcellerie annamite reconnaît le tigre, comme le grand maître, aussi son image, peinte sur un écran, est-elle placée au pied de l'autel dans tous les temples taoïques.

Le tigre figure sur un grand nombre d'amulettes que l'on porte sur soi, que l'on place dans sa chambre, sur son lit, sur la porte, ou même que l'on fait brûler pour en avaler les cendres, selon le cas. Ses griffes constituent un talisman puissant, sa peau grillée est souveraine contre certaines maladies.

Les astrologues affirment que c'est l'étoile *Alpha*, de la Grande Ourse, qui, en se métamorphosant, a produit le premier tigre. Les Chinois l'appellent le roi des animaux, et ils prétendent lire, parmi les bigarrures de sa gorge, le caractère *ouang*, qui signifie *roi*. Le tigre vit mille ans, c'est à l'âge de cinq cents ans seulement qu'il devient blanc [1].

La partie du ciel que l'on appelle le *Tigre blanc* est celle dans laquelle se trouve le soleil au printemps chinois; elle forme les constellations européennes du Bélier et du Taureau. Peut-être doit-on voir là l'origine des honneurs rendus au tigre dans

---

1. *Chinese reader's Manual* by Mayers. Shanghai, 1874.

l'Orient chinois, comme symbole de la force crois-
sante et victorieuse du soleil du printemps [1].

LA DISPUTE DU TIGRE ET DU DRAGON

LONG HÔ DAU

C'est une scène emblématique qui paraît venir
de la Chine, et que les Annamites représentent
en broderie sur des tentures, ou à la détrempe
sur des tableaux. On la voit encore fréquemment
figurée à fresque, sur les panneaux intérieurs des
pagodes ou sur le mur-écran qui arrête la vue
lorsqu'on franchit les deux grands pylônes des
temples.

Nous traduisons en son entier, malgré sa longueur, un très intéressant document écrit en chinois, que nous avons trouvé sur ce sujet ; l'auteur
qui est annamite, fait parler ses personnages comme
s'ils étaient sujets chinois, mais il place la scène
dans la province de Hai-Du'o'ng au Tonkin.

La dispute du tigre et du dragon.

La montagne de Phu'o'ng-Hoang du huyên de

1. De Groot, *op. cit.*

Chi-Linh[1] est l'endroit le plus remarquable de la province de Hai-Du'o'ng.

Dans cette montagne se trouve une caverne appelée Hu'u-Lan, que personne n'ose visiter tar t l'endroit est sauvage et désert.

Sous la dynastie des Hô, un homme du nom de Nguyen, fuyant les partisans de la dynastie chinoise Minh, se réfugia dans cette caverne, et y demeura pratiquant la religion de Lao-Teu[1]. Il s'abstenait de toute nourriture solide et ne s'alimentait chaque jour que d'une tasse ou deux d'eau-de-vie de riz.

Il vécut dans cette caverne on ne sait combien

---

1. Le huyên de *Chi Linh* est très montagneux, il est traversé par un cours d'eau assez considérable qui se jette dans le Van Giang. La montagne de *Phu'o'ng Hoàng* se trouve au village de Kiêt-dac, elle est assez haute et se termine par un double sommet que les Annamites comparent à *deux grues qui dansent*.

Cet endroit était très fréquenté sous la dynastie *Trân* : les rois y construisirent deux palais, celui de Tu' Cuc' et celui de Lu'u Quang. Au pied du Phu'o'ng Hoàng se trouve une mine de cinabre. Les habitants ne traversent les gorges de cette montagne qu'avec une crainte respectueuse, à cause des légendes que l'on raconte.

1. Nous respectons entièrement le texte original dont nous donnons ici la traduction, mais nous devons faire observer que l'écrivain se trompe lorsqu'il parle d'un religieux taoïste nommé *Nguyen*, qui se serait retiré, sous la dynastie Hô, dans une caverne de cette montagne. Le solitaire taoïste qui a donné son nom à l'ermitage du Phu'o'ng Hoàng s'appelait *Huyên-vân*, et vivait sous les Trân; il a laissé dans la contrée une grande réputation de sainteté, et on a construit, à sa mémoire, une pagode que l'on appelle Huyên vàn dông et qui existe encore.

(Hai-Du'ong Phong Vat chi.)

de temps, étudiant sans cesse les choses les plus extraordinaires, et acquit par l'étude le pouvoir de

龍
虎
相
逢

Fig. 18. — La dispute du Tigre et du Dragon. — *Long Hồ dau.*

commander aux diables et à toutes sortes d'ani-maux.

Un jour que ce solitaire se promenait non loin

de sa caverne, il vit sur la montagne un dragon jaune qui jouait avec une énorme perle et paraissait très joyeux; quelques instants après il aperçut un tigre blanc s'élancer sur le revers de cette même montagne et, regardant le dragon, sortir ses griffes d'un air de défi.

Le dragon, qui avait vu le tigre, savait fort bien qui il était, mais comme il le méprisait, il feignit de ne pas le connaître; le tigre, lui, n'avait jamais vu de dragon; il trouva l'animal tout à fait extraordinaire, s'approcha, et alla se camper en face de lui.

Le solitaire, très intrigué de ce qui allait se passer, se cacha dans un creux de rocher et attendit.

Le tigre, le premier éleva la voix et prenant un air terrible, il s'écria :

« Je suis le roi suprême de tous les animaux à poils; tous les pays compris entre les montagnes du nord et les montagnes du sud sont sous ma domination; qui es-tu, toi qui oses te présenter devant moi? tu parais être un serpent, cependant tu as des écailles comme un poisson; sache que si je voulais te dévorer je ne ferais de toi qu'une bouchée. »

Le dragon abaissa ses cornes pour entendre [1] et il rit tellement qu'il abandonna la perle avec laquelle il jouait et répondit :

« Je suis le chef suprême des animaux à écailles

1. Nous avons vu plus haut que les dragons n'ont pas d'oreilles et qu'ils entendent par les cornes.

4

et le premier des animaux symboliques; tantôt je voyage au sein des lacs profonds, tantôt je plane dans les airs. Quel est cet orgueilleux qui ose se présenter devant ma face? Ton poil bigarré ne me dit rien qui vaille ; sache que s'il ne me répugnait d'enfoncer mes crocs dans ta chair empestée je ne ferais de toi qu'une bouchée. »

Quand le tigre reconnut qu'il avait affaire au dragon, il n'osa entreprendre avec lui une lutte corps à corps, mais il pensa que son adversaire ne devait pas avoir beaucoup d'esprit et, comme le tigre est vantard et outrecuidant, il crut avoir l'avantage comme bel esprit et savoir et défia le dragon à une lutte oratoire.

Le dragon consentit à lui donner la réplique.

Ils commencèrent donc le dialogue suivant :

Le tigre. — Le seul rugissement du tigre dans la caverne provoque la tempête, osez-vous bien vous comparer au tigre ?

Le dragon. — Le simple souffle du dragon dans l'eau du lac amoncelle les nuages et déchaîne les typhons, comment avez-vous l'audace de vous comparer au dragon ?

Le tigre. — Sous le règne des Chu[1], un tigre suffit à pacifier le royaume, mon mérite est égal à celui de dix généraux. Lorsque le ciel s'ouvre aux premières lueurs du jour, le dragon se hâte de s'enfuir la queue basse. Est-il quelque autre chose qui vous fasse peur ?

1. *Chu* est la prononciation annamite du chinois *Tchéou*. Les Tchéou ont régné en Chine de 1134 à 256 avant notre ère.

Le dragon. — Le dragon du lac a ramené la paix sous la dynastie des Du'o'ng[1]. Deux fois ur dix, les Du'o'ng doivent à l'intervention des dragons ce qui leur est arrivé d'heureux. Lorsqu'il rencontre *Xao Duc La*[2], le tigre est comme muselé, il n'ose remuer ni la queue ni les lèvres. Quand vous êtes ainsi terrifié que ne demandez-vous mon appui ?

Le tigre. — Les sauvages des montagnes me redoutent. Autrefois Lu'u Luy tua le dragon et donna sa chair à manger au roi[3]. N'avez-vous pas honte de paraître devant mes yeux ?

Le dragon. — Sous la dynastie des Han, un dragon se métamorphosa en un nuage de cinq cou-

---

1. *Du'o'ng*, prononciation annamite du chinois *Thang* ; c'est une dynastie qui a régné de 618 à 905 après J.-C.

2. Les Annamites disent que *Xao Duc La* est un génie très puissant et très redouté du tigre.

3. Sous le règne de *Khong-Giap* (dynastie Ha, 1879 av. J.-C.), deux dragons, mâle et femelle, descendirent du ciel. Le roi, fort embarrassé pour les nourrir, s'adressa à un nommé *Lu'u Luy*, qui passait pour très expert dans cette matière, ayant longtemps vécu dans l'intimité d'un dragon nommé *Hoân*. Le roi fut en effet très content des services de Lu'u Luy et le récompensa. Au bout de quelque temps, le dragon femelle vint à mourir ; ne voulant pas avouer cette mort afin de ne pas encourir la colère du roi et ne sachant, d'autre part, comment faire pour dissimuler le corps du dragon, Lu'u Luy imagina de le découper, de le conserver dans la saumure, et de le faire manger au roi. Không-Giap trouva cette chair tellement délicieuse que lorsque la provision fut épuisée il voulut en avoir encore. Lu'u Luy, inquiet et craignant que le roi ne découvrît son subterfuge, s'enfuit et se réfugia au huyen de *Lo*.

(Han Ky, *Annales des Han.*)

leurs et vainquit les troupes ennemies [1]. Phung-
Phu descendit de son char pour combattre le tigre
et le tigre fut tué [2]. Comment osez-vous donc éle-
ver la voix devant moi ?

LE TIGRE. — Un tigre mandarin gardait à Hanoï
le palais des rois et les gens les plus redoutables
le craignaient; mais le dragon aida l'ennemi à
s'emparer de la capitale [3]. Pourquoi fûtes-vous infi-
dèle à votre roi ?

1. Le roi *Thuy Hoang*, de la dynastie *Tan* (246 av. J.-C.) vit,
un jour la partie est et sud du ciel envahie par des nuages de
cinq couleurs de la forme de dragons; il crut comprendre que
ce pronostic l'avertissait d'un danger venant de l'est et du sud :
il envoya ses troupes dans cette direction, elles rencontrèrent
en effet *Han Cao To* qui venait à la tête d'une armée avec l'inten-
tion de s'emparer du royaume. La bataille s'engagea et Han
Cao To, vaincu, dut se cacher dans la montagne de *Mang
Du'o'ng*. Sa retraite fut encore révélée par les nuages de cinq
couleurs qui s'attachèrent aux flancs de la montagne. Il fut
manifeste à tous que le dragon avait emprunté la forme de
nuages pour sauver le trône.
(Han Tan Ky, *Annales des Han postérieurs*.)

2. Sous la dynastie *Tân* vivait un homme nommé *Phung Phu*,
qui était célèbre par sa force musculaire. Un jour qu'il se promenait dans la campagne il rencontra une bande de paysans
qui entouraient un buisson dans lequel un tigre s'était réfugié.
Personne n'osait l'en débusquer. Phung Phu voyant cela, descendit de son char, pénétra dans le buisson, saisit le tigre et
le tua.   (Livre de Mencius.)

3. Nous croyons qu'il est fait ici allusion à la guerre d'indépen-
dance qui chassa les Chinois de l'Annam, et prépara l'avènement
de la grande dynastie Lê en 1428 de notre ère. Les Chinois,
maîtres de Hanoï, avaient installé dans les forteresses de Dong
Quan, Dai-La, Thang-Long, d'importantes garnisons chinoises,
sous le commandement de généraux que l'on appelait des *tigres
de guerre*. Un de ces tigres devait être préposé à la garde du

LE DRAGON. — Le dragon Khong-Minh, à la montagne de Long-Trung [1], aida le roi Han à conquérir son royaume. Il fut assisté de Si-Nguyen qu'on avait surnommé *le Jeune Aigle*. Le tigre eut peur à Côn Du'o'ng, il s'enfuit au huyen de Hoang-Nong [2]. Comment avez-vous pu montrer autant de lâcheté?

palais qui se trouvait alors sur *Tam So'n*, haut tumulus qui existe encore en partie près la porte nord dans la citadelle actuelle.

Un nommé *Lê Lo'i*, qui était alors un pauvre pêcheur de Hanoï, jetant un jour ses filets dans le petit lac intérieur de la ville, ramena une épée étincelante. Sous le coup d'une révélation soudaine, il ceignit cette épée, recruta des partisans et souleva le pays contre les Chinois. Il réussit après une longue et glorieuse épopée, à leur reprendre toutes les places fortes du royaume et fut proclamé roi sous le nom de *Lê-Thai-Tô*. La légende ajoute que le roi, se promenant un jour sur le bord du lac de Hanoï, on entendit un bruit extraordinaire et chacun vit avec épouvante l'épée du roi sortir du fourreau et se métamorphoser en un dragon d'or qui disparut dans l'eau du lac. Il fut dès lors manifeste que le dragon avait emprunté la forme d'une épée pour délivrer le pays du joug de la Chine.

Le lac s'appelle encore aujourd'hui *Hoang Khiêm Hô*, lac de la grande épée.

1. *Không-Minh* était un guerrier originaire d'un petit village situé au pied d'une montagne du pays de Nam Du'o'ng ; cette montagne, qui a la forme d'un dragon couché au milieu de la plaine, se nomme *Ngoa Long* (dragon couché). On donna plus tard, comme sobriquet à Không-Minh le nom de cette montagne.

Il devint un général célèbre et se battit avec succès notamment à *Long Trung*, avec l'aide de son second *Bang Si Nguyen*, surnommé le *Jeune Aigle*.

(Voir les épisodes de la guerre dite des *Trois royaumes* dans le 1er livre de la *Collection des écrivains de génie*, Tai Tu').

2. Le roi Mang, de la dynastie Tàn (l'an 9 avant J.-C.), déclara la guerre aux Han ; ses troupes étaient sous le commandement

4.

LE TIGRE. — Chu Xuông [1] put être roi parce qu'il avait des sourcils de tigre. Une reine naquit de la salive du dragon et elle compromit l'héritage des Chu [2]. Si le ciel permit alors l'amoindrissement du royaume n'est-ce pas la faute du dragon?

d'un nommé Vu'o'ng Tam qui, ayant le pouvoir de se faire obéir par les animaux féroces, en avait rassemblé un grand nombre qui formaient l'avant-garde de son armée. Les troupes de Vu'o'ng Tam rencontrèrent l'ennemi à *Con Du'o'ng*, mais elles furent complètement battues malgré les tigres et les éléphants.

(Han Ky ; *Annales de la dynastie Han.*)

1. Chu Xuông n'était pas un roi, mais un chef de tribu barbare qui, vaincu par *Quan Dé*, au temps de la guerre des *Trois royaumes*, s'attacha à son vainqueur et le suivit dans tous ses combats; il se tua sur le corps de son maître. Chu Xuông était un noir, ses sourcils et sa barbe étaient tellement épais qu'on disait de lui qu'il avait l'aspect farouche d'un tigre,

Sa statue accompagne toujours celle de *Quan Dé* dont on a fait plus tard le dieu de la guerre.

2. On dit dans l'histoire des *Chu*, qu'au temps de la dynastie *Ha*, un génie descendit du ciel sous la forme de deux dragons. Ces animaux se rendirent à la capitale et voulurent contraindre le roi à leur donner le pays de Bao. Le roi, très perplexe, rassembla les sorciers pour savoir d'eux comment il fallait traiter ces dragons; les sorciers furent d'avis de les chasser, mais ils recommandèrent qu'on recueillît dans des vases la bave qui s'échappait de leur gueule. Il fut ainsi fait et les vases, remplis de la bave des dragons, furent soigneusement clos et conservés dans le palais. Pendant toute la durée des dynasties *Ha* et *Thu'o'ng*, personne n'osa jamais toucher à ces vases; mais le roi *Lê Vu'o'ng*, de la dynastie Chu, voulant savoir à quoi s'en tenir sur leur contenu, les fit ouvrir. Le liquide aussitôt s'en échappa, se répandit entièrement sur le sol du palais et donna naissance à un serpent d'eau qui se réfugia dans les bassins du jardin.

Un jour que ce serpent, devenu familier, se promenait dans les appartements, il rencontra une jeune fille qu'il entoura de ses replis; la jeune fille devint grosse et donna le jour à un

LE DRAGON. — Vu'o'ng-Mang avait les qualités du dragon, c'est pourquoi il devint roi [1]. Tôn-Quyên du

enfant du sexe féminin qu'elle fit jeter dans une ruelle écartée, afin de cacher à tous le produit de sa faute.

L'enfant fut recueillie par un prisonnier évadé qui l'emporta au pays de *Bao*, où elle grandit et acquit une beauté extraordinaire. Plus tard le roi de ce pays ayant encouru la colère du roi de *Chu*, lui fit présent de cette jeune fille pour l'apaiser. Le roi de *Chu* l'accepta et la mit dans son sérail en lui donnant le nom de *Bao Tu'*. Il eut d'elle un fils qu'il appela *Ba Phuc*.

Ce Ba Phuc était un être dissimulé et jaloux, il excita sa mère à conspirer contre la reine légitime et la fit exiler avec son fils.

Le roi aimait éperdument sa concubine et lui passait toutes ses fantaisies; elle aimait à entendre le bruit que produit la soie quand on la déchire : le roi pour satisfaire ce caprice, sacrifia des quantités énormes de pièces de soie.

Cette femme ne riait jamais : quoi qu'on fît pour la dérider, elle restait impassible, ce dont le roi était fort affecté. Un jour le roi imagina un stratagème; il avait conclu, avec les princes voisins, une alliance aux termes de laquelle ils devaient se secourir mutuellement en cas de danger; un grand feu, allumé sur une montagne, était le signal d'appel.

Le roi Lê Vu'o'ng alluma sans motifs le feu convenu sur le mont Ly Son et attendit. Tous ses voisins ne tardèrent pas à accourir, revêtus de leurs armures et cherchant l'ennemi de tous côtés. Quand la concubine du roi les vit ainsi apparaître à la tête de leurs troupes, en grand attirail de guerre, quand elle vit surtout leur mine déconfite, en s'apercevant qu'ils avaient été victimes d'une mystification, elle se mit à rire pour la première fois de sa vie, ce qui enchanta le roi.

Mais il paya cher cette plaisanterie : à quelque temps de là, ayant vu son royaume envahi par des ennemis, il fit vainement le signal convenu, personne ne vint et il fût massacré.

(Annales de la dynastie Chu.)

1. *Vu'o'ng Mang* était un ministre du roi *Binh Dé* de la dynastie Han (l'an 1 de J.-C.). Il empoisonna son maître qui n'avait que quatorze ans. Un enfant de deux ans, *Nhu-Tu-An*, fut ensuite couronné, mais *Vu'o'ng Mang* le détrôna sans peine et

pays de Giang-Dong ne put jamais parvenir au trône parce qu'il avait la férocité du tigre[1].

LE TIGRE. — Il est écrit dans le *Diêc-Kinh* que le saint fut changé en tigre; cette faveur fut également accordée aux rois Thanh et Vu. Y a-t-il des exemples de rois changés en dragons[2]?

LE DRAGON. — Il est écrit dans le diagramme Kien du *Diêc-Kinh* que les rois Nghieù et Tuân furent changés en dragons.

Comment un tigre peut-il ignorer cela?

LE TIGRE. — Au combat de Boc, les soldats ne remportèrent la victoire que parce qu'ils étaient vêtus de peaux de tigres[3]. L'État est redevable de ce succès à mon poil et à ma peau.

se fit proclamer roi; il fut le fondateur de la dynastie Tàn qui dura quatorze ans seulement.

(Han Ky, *op. cit.*)

1. *Tón Quyen*, qui vivait sous le roi Hiên Dê (190 après J.-C.), avait une grande réputation de férocité; il devait cette mauvaise nature à ce que sa mère l'avait conçu en rêvant qu'elle avalait le soleil.

2. *Nghiêu* et *Tuân*, en chinois *Yao* et *Chuen*, sont deux princes très célèbres, constamment cités comme des modèles de vertu et de sagesse administrative. Ils régnèrent, le premier quatre-vingt-onze ans, le second soixante et un ans, de 2357 à 2205 av. J.-C.

3. La 28ᵉ année du règne de *Hi-Công* de la dynastie *Chu* (l'an 3 av. J.-C.), un général nommé *Tu' Thân* conduisit les armées de quatre petites principautés (*Thân, Thê, Tông, Tân*) attaquer la ville de *Boc*, dans le petit État de *Su'*.

Tu' Thân usa d'un stratagème : il fit recouvrir les chevaux de ses soldats d'une peau de tigre et les lança sur l'ennemi. Les chevaux ennemis, croyant voir venir des tigres, se débandèrent et s'enfuirent.

(Livre de Ta Truyen.)

LE DRAGON. — Tout le monde sait que si un étudiant, tenant ma barbe, récite la formule *Chu-Biên*[1], il est sûr de réussir aux examens et d'acquérir une grande réputation. Tous les succès littéraires sont dus à ma barbe.

LE TIGRE. — Le simple rugissement du tigre mit en fuite les ennemis du nord, ceci est écrit dans le *Diêc-Kinh*, le tigre Thanh a délivré le pays de Bach-Mâ[2], l'histoire a enregistré ce haut fait.

LE DRAGON. — Le dragon a porté au roi de Tông[3] la nouvelle de son avènement au trône. Le dragon blanc apparut en songe à Nhu-Ngu et lui enjoignit de se mettre à la tête des troupes. Les annales dynastiques en font foi.

1. Cette légende de la formule *Chu-Biê'n* paraît être inconnue au Tonkin; aucun des lettrés que nous avons consultés à ce sujet n'a pu nous donner le moindre renseignement.

2. Il s'agit d'un prince, nommé Thanh et surnommé le Tigre, qui, sous le règne de Han Hien Dê (190 ap. J.-C.), délivra le pays de Bach-Mâ des déprédations de deux chefs de bande, *Van-Xu*, et *Nhân-Lu'o'ng*.

3. On lit dans le *Nam Tông Chi* que le nommé *Khuong-Ran*, fils d'un fonctionnaire du palais, étant un jour en fête dans une maison de chanteuses, résolut d'y passer la nuit; il congédia ses compagnons et s'étendit sur un lit en laissant tomber la moustiquaire. Vers le milieu de la nuit, une chanteuse pénétra dans la pièce où le jeune homme dormait: elle fut tout étonnée de la trouver remplie d'une lumière éclatante et odorante; elle écarta les rideaux du lit et aperçut un dragon d'or, à huit griffes, planant au-dessus de la tête du dormeur.

Saisie de ce prodige, elle ameuta toute la maison et tout le monde fut d'accord que ce présage merveilleux annonçait l'avènement de ce jeune homme au trône. Ceci advint, en effet, et Triêu-Khuong-Ran fut le fondateur de la dynastie Tông (960 ap. J.-C.).

LE TIGRE. — Le roi Van-Vu'o'ng fit sortir de
prison le tigre Son-Hau[1] et lui offrit le pays de Lac.
Le tigre blanc peut être fier de cette distinction.

LE DRAGON. — Le dragon jaune du fleuve a
sauvé le roi Dinh-thien-Hoang de la vase du marécage[2]; quel mérite est comparable à celui du dragon jaune?

LE TIGRE. — Le roi Tuyên-Vu'o'ng de la dynastie
Chu envoya le tigre faire la guerre au Hoai-Ri, et
il remporta un plein succès[3]. Quant au dragon
Thach qui aida Lu'u-Huyên[4] à vaincre les Chinois,

1. Le nom de règne de *Kiêt* était *Ly-Qui* (818 av. J.-C.). Le
tigre *Son Hau*, ou plutôt *Son Hau le Tigre*, était un fonctionnaire de la dynastie *Thu'o'ng*. L'épisode cité ici est diversement
raconté dans les *Annales*; la principauté de *Lac Tay* aurait été
donnée, non à *Son Hau le Tigre*, mais au roi *Tru*.

2. *Dinh Bo Lang* était un jeune chef de partisans qui souleva
le pays contre les généraux chinois qui gouvernaient l'Annam
vers la fin du ixe siècle de notre ère, et contre les mandarins
annamites qui les servaient; un jour qu'il avait sans succès
attaqué un de ses oncles, il s'enfuyait, poursuivi par celui-ci,
quand tout à coup, en traversant un pont de bambous, il tomba
dans la vase et ne put se relever. Son oncle, l'atteignant à ce
moment, se préparait à le tuer, mais il s'enfuit épouvanté en voyant
un dragon jaune sortir du fleuve et emporter le jeune homme.

Dinh réussit à chasser les Chinois; il organisa le pays et fixa
sa capitale à *Hoa-Lu*. Son tombeau existe encore près des ruines
de *Hoa-Lu*, qui s'appelle aujourd'hui *Tru'o'ng Yen*, dans la province de *Ninh Binh*.

3. La première année du règne de *Tuyen Vu'o'ng*, de la dynastie *Chu* (827 av. J.-C.), *Thiêu Công*, surnommé *le Tigre*, fut
envoyé comme général pour faire la guerre au *Hoai-Ri*; il s'empara et obtint à la suite la soumission de plusieurs principautés
voisines.

4. *Lu'u Huyên* est le nom de famille du roi *Hoai Du'o'ng*,
prince incapable qui ne régna que deux ans (23 av. J.-C.).

son crime est immense et ne saurait jamais être effacé.

LE DRAGON. — Sous les règnes de Thuân et de Ngu, le royaume était en paix grâce aux bons offices du dragon. Les crimes du tigre Sung-Hâu qui suivait le roi Kiêt étaient si nombreux que les bambous de la montagne ne suffiraient pas à faire des pinceaux s'il fallait les énumérer.

LE TIGRE. — Une tigresse allaita un prince de la dynastie Côc. Ce prince est devenu l'une des colonnes du royaume, c'est écrit dans le *Ta-Truyen*, l'ignoriez-vous [1] ?

LE DRAGON. — Un dragon eut commerce avec Bac-Co et elle enfanta le roi Van-Dê de la famille Han [2], le sang du dragon coule ainsi dans les veines de nos rois ; ceci est écrit dans l'histoire, l'avez-vous oublié ?

LE TIGRE. — Tào-Thuc, pendant le temps qu'il

1. Un jeune homme du nom de *Do Ba Thi*, fils d'un fonctionnaire de *Su'* nommé *Nhioc-Ngao* et d'une femme du pays de *Vân*, séduisit une jeune fille de *Tu' Van* et eut d'elle un enfant. La mère de cette jeune fille, ne voulant pas nourrir l'enfant, le fit abandonner sur les bords du lac *Mong*. Une tigresse qui passait par là, entendant des vagissements d'enfant, s'approcha, elle vit l'enfant, comprit qu'il avait faim et l'allaita. *Do Ba Thi*, qui était à la chasse, vit toute la scène ; il ramena son enfant chez lui. Les habitants du pays donnèrent à l'enfant le surnom de *Nhu Coc*, et à la tigresse celui de *Hô Do*.

2. L'empereur chinois *Ouen-Ti*, en annamite *Van Dé*, c'est-à-dire *empereur lettré*, régnait vers 170 avant l'ère chrétienne. Sa mère s'appelait *Bac*; elle le conçut en rêvant qu'un dragon bleu descendait auprès d'elle.

faisait sept pas composait un poème[3] ; ce savant était de la race des tigres, le saviez-vous ?

LE DRAGON. — Le dragon Lu'u-Hiêp était le plus lettré de son temps[1], il a composé le *Diêu-Long*, l'ignoriez-vous ?

LE TIGRE. — Les Han postérieurs avaient à leur service cinq généraux forts comme des tigres[2] et le royaume était invincible, huit dragons voulurent les combattre, ils furent honteusement défaits. Que valent donc huit dragons ?

LE DRAGON. — Lorsque sous la dynastie Du'o'ng le cheval-dragon vint recevoir le roi, deux tigres s'élancèrent pour le dévorer, Biên-Trang les transperça de son épée[3]. Que valaient donc ces deux tigres ?

LE TIGRE. — Le dragon, dans les temps de trouble, devient comme un ver de terre, comme un vil reptile ; il est semblable à Công-Thôn qui, comparé

---

3. On raconte, dans le 1er livre de la série des *Tai Tu'* (écrivains de génie) que le roi *Tao Phi*, très jaloux du grand talent littéraire de son frère *Tao Thuc*, le condamna à mourir s'il ne composait, sur un sujet donné, un poème pendant le temps qu'il ferait sept pas. *Tao Thuc* accomplit facilement ce tour de force et eut la vie sauve.

1. *Lu'u Hiêp*, surnommé *le Tigre*, auteur du poème *Van Tam Diêu long*.

2. C'est une allusion aux cinq chefs d'armée de *Lu'u Bi*. (Voy. la *Guerre des Trois royaumes*.)

3. L'anecdote légendaire à laquelle il est fait allusion ici est diversement racontée dans le livre *Quang Su' loai*, qui l'emprunte lui-même au livre *Chiên Quo'c*.

à la grenouille regardant le ciel du fond d'un puits, fit tant rire Ma-Viên [1].

LE DRAGON. — La peau du tigre est comme celle du chien et du mouton ; aussi, ne pûtes-vous éviter les moqueries de Doan-Moc [2].

LE TIGRE. — Celui qui passe à contresens sa main sur les écailles du dragon doit mourir, pourquoi donc êtes-vous si cruel envers les hommes ?

LE DRAGON. — Hang-Ba voulut offrir de la viande au tigre qui n'osa la manger ; êtes-vous donc aussi pusillanime [3] ?

LE TIGRE. — Le dragon s'habille de feuilles et le pêcheur le prend comme un poisson.

1. *Ma Vien*, grand général chinois qui s'empara de l'Annam que défendaient la reine *Trung* et sa sœur, les deux Jeanne d'Arc tonkinoises, rendit un jour visite à un petit chef de province frontière nommé *Công-Thôn-Thuât*. Ce dernier, très outrecuidant et ignorant, prétendait être un grand roi et parlait comme d'un collègue d'égale importance de l'empereur de Chine.

Ma Vien, plus tard, racontant ce fait à l'empereur, comparait plaisamment *Công-Thôn-Thuât* à la grenouille qui, du fond d'un puits, ne voyant qu'une infime partie du ciel, croirait embrasser tout le firmament.

(*Dông Han Ky.*)

2. *Doan Moc* était un philosophe de la ville de *Tay Ha*, dans le royaume de *Nguy* ; il vivait à l'époque de *Uy Liét*, de la dynastie *Chu* (123 av. J.-C.).

3. Dans le *Thi Kinh*, où l'aventure est racontée, il n'est nullement question de cela ; on dit seulement qu'un eunuque du roi *U-Vu'o'ng*, de la dynastie *Chu* (781 av. J.-C.), nommé *Hang-Ba*, ayant été l'objet de calomnies, fut mis à mort par ordre du roi Plus tard, son innocence ayant été reconnue, un censeur public s'écria que le crime du calomniateur était si grand que celui-ci fût-il jeté en pâture aux bêtes féroces, les tigres eux-mêmes répugneraient à le dévorer.

Le dragon. — En entrant dans la cage pour prendre le porc, vous remuez triomphalement la queue, ce qui ne vous empêche pas de vous laisser capturer par le vieux paysan.

Le tigre. — Dans chaque écaille du dragon il y a un serpent venimeux; vous êtes le plus dangereux, le plus immonde des reptiles. Un jour que vous étiez en péril, si Tôn-Châu ne vous eût pas secouru, on eût vendu votre chair à la boucherie.

Le dragon. — Il est très regrettable que vous ayez un os au fond du gosier; si le lettré Quach-Dao ne vous eût sauvé jadis, votre tête eût été dans le vase où l'on urine.

Le tigre dut être exaspéré par cette dernière injure car il ne répliqua pas et s'en alla en grondant.

Le solitaire caché derrière le rocher avait noté toute leur dispute. Afin d'avoir des explications sur les deux animaux extraordinaires, il se rendit chez un philosophe renommé, et, après lui avoir raconté la scène à laquelle il avait assisté il lui demanda : « Lequel vaut le mieux, du tigre ou du dragon ? »

Le philosophe, très défiant, répondit : « Je n'ai de ceci aucune idée; bien que le perroquet parle comme un homme il n'est qu'un oiseau. Vous voulez savoir pourquoi le tigre et le dragon se disent des injures comme deux écoliers rivaux, notre grand Confucius dans ses immortels écrits n'en dit rien, cessez donc de me questionner. »

Le solitaire qui vit la mauvaise impression qu'il causait, se hâta de dire : « Pardonnez-moi, maître, je suis un pauvre homme de la forêt, j'habite au milieu des arbres, au milieu des pierres, je n'ai de relations qu'avec les cerfs et les chevreuils ; j'ignore ce que sont les richesses et les honneurs, je ne me trouve heureux que dans la solitude ; cependant, je connais depuis longtemps votre grande réputation de science et de sagesse, je viens vous demander de m'éclairer sur quelques points. J'ai entendu dire que l'oiseau Hac [1] connaît le *Kinh-Thi* [2], que le coq est expert dans les choses du ciel ; le renard dans celles de Dong-Quach [3] et que les singes de Bac-Du'o'ng connaissent les caractères. Ce sont là d'antiques traditions, pourquoi Confucius n'en a-t-il pas parlé dans le *Xuan-Thu* [4] ? »

Le philosophe, entendant cela, dit : « Je me défiais de vous, mais votre accent de sincérité me plaît et me rassure ; asseyez-vous et écoutez.

« Le ciel et la terre produisent les animaux par la combinaison de deux principes seulement, le *Am* et le *Du'o'ng* ; or, le principe *Du'o'ng* est le dragon,

1. La grue.
2. Un des cinq livres canoniques.
3. *Dông Quach* était un célèbre musicien du règne de *Uy Liêt* de la dynastie *Chu* (125 av. J.-C.).
4. Le *Xuân thu*, (le printemps et l'automne), livre de Confucius, ainsi nommé parce que les enseignements qu'il contient vivifient comme la brise du printemps, et les blâmes qu'il inflige flétrissent comme le vent d'automne.

le principe *Am* est le tigre; tous deux sont des animaux extraordinaires, c'est pourquoi l'on place des tableaux du tigre et du dragon dans le camp de l'examen des lettrés.

« Dans toutes les parties de la terre, il y a le côté du tigre et le côté du dragon. L'homme parfait doit réunir la force du tigre et l'esprit du dragon. Associés l'un à l'autre, ils se complètent l'un par l'autre et l'on ne peut dire lequel l'emporte; mais si vous les considérez séparément ils sont fort différents.

« Le dragon représente tout ce qui est pur dans le ciel et sur la terre; il a la puissance de l'intelligence, il peut à son gré faire la lumière et l'obscurité; il se rend à son gré immense ou invisible; vertueux et généreux, on le compare au roi. On lui donne pour correspondants, dans la nature, les arbres les plus nobles, les fleurs les plus jolies, les plantes les plus utiles, les métaux les plus précieux.

« Le tigre représente tout ce qui est impur, dans le ciel comme sur la terre; il est cruel, vindicatif, il remplace la vertu par la cruauté, la sagesse par la fourberie. On le compare aux mauvais fonctionnaires. Dans la nature, le tigre représente les animaux les plus méchants, les métaux les plus vils, les plantes vénéneuses. Quand il tombe dans un piège, il remue la queue et feint la douceur; quand il est pris dans les filets du chasseur il verse des larmes et feint le repentir. »

Le solitaire dit : « Je vois que ceux qui veulent aspirer à la vertu doivent prendre le dragon comme modèle. »

Le philosophe répondit : « Le dragon est au-dessus de l'homme, le tigre est au-dessous. Si, prenant pour objectif les vertus du dragon, vous n'atteignez pas tout à fait à la perfection, du moins serez-vous un homme sage et vertueux ; de même que celui qui veut peindre un héron et n'a pas le talent suffisant, produit un dessin qui ressemble au moins à une aigrette.

« Celui qui veut peindre un tigre, s'il ne réussit pas à le peindre exactement, ne produit qu'un vil chien. »

Le solitaire, émerveillé de la sagesse de ces explications, remercia et prit congé du philosophe.

De retour chez lui, il composa le poème, dit *Long Hô Dâu Ky*, la dispute du tigre et du dragon [1].

CORTÈGES ET PROCESSIONS

Il y a au Tonkin de fréquentes processions ; elles n'ont pas toutes le même objet ni le même caractère, mais on peut les ranger toutes dans deux

---

1. Ce poème se trouve dans le livre intitulé *Truyên Ky tan pha*.

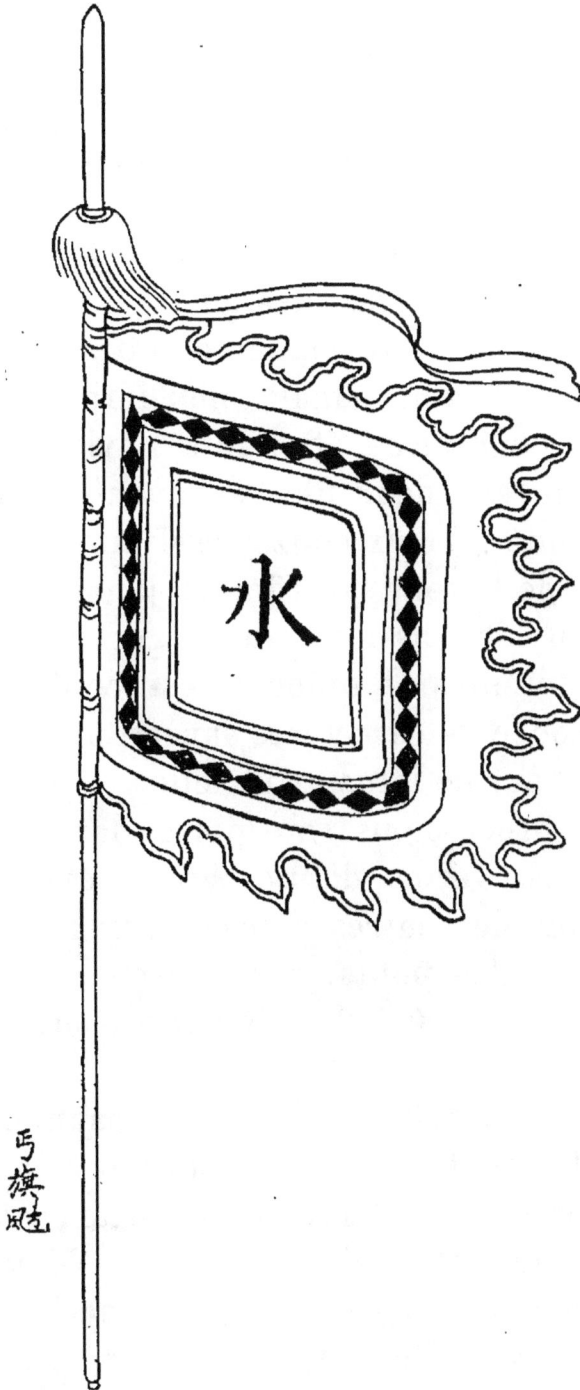

Fig. 19. — L'étendard de l'eau dans le groupe des cinq éléments.

catégories absolument distinctes : les processions bouddhiques qui sont faites par les bonzes, et les processions auxquelles les bonzes n'assistent pas.

Les premières ont lieu dans les pagodes ou les dépendances des pagodes; exceptionnellement, à l'occasion d'une fête religieuse comme l'ouverture des enfers et la délivrance des âmes, le cortège se répand au dehors et va visiter d'autres temples. Ces cortèges ne sont jamais bien imposants; le personnel des bonzeries, étudiants, novices, serviteurs, marche sur deux files en avant du bonze officiant flanqué de deux bonzes assistants; ceux-ci sont revêtus de la robe sacerdotale, jaune, doublée de rouge, ou bien bariolée de larges bandes de couleurs différentes. L'officiant est coiffé de la couronne brodée de caractères sanscrits; il tient à la main une fleur de lotus artificielle.

Dans ces processions, on porte des tables à offrandes, recouvertes de nombreux ex-voto en papier, depuis des barres d'or et d'argent jusqu'à des vaisseaux, des ponts, des maisons, tout cela est destiné à être brûlé. L'officiant est suivi d'un porteur de parasol.

Quelquefois, des bonzesses accompagnent ces cortèges; elles vont en groupe, portant à la main une petite bannière sur laquelle est écrite en caractères chinois une invocation sanscrite : *Namo A di da phât. Namo Dia Tang bo that.* (Salut au bouddha Adida. Salut au bodhisatwa Dia Tang.) Lorsque les bonzesses sont nombreuses, elles se placent

l'une derrière l'autre en file indienne sous une
longue pièce d'étoffe qu'elles tiennent au-dessus
de leur tête et qu'on appelle le *pont de soie*. La
supérieure vient ensuite, vêtue d'une robe de soie
rouge et portée dans un palanquin en filet.

Les hommes fréquentent peu les processions
bouddhiques, mais les femmes y sont assez nombreuses.

Les autres cortèges sont relatifs au culte des
génies ; les bonzesses y prennent part quelquefois,
mais jamais les bonzes. La commune tout entière
fait les frais de ces cérémonies, qui revêtent un
caractère plus national que les premières.

Lorsqu'il s'agit d'un village important, la procession peut atteindre un kilomètre de développement. On y voit alors réunis tous les emblèmes,
les étendards, les armes, les instruments, le trône
du génie ; des petits enfants portent la série des
pavillons de commandement ; d'autres frappent
en cadence sur des tambours ou des tam-tams ;
d'autres encore, habillés en filles, dansent en
tournant sur eux-mêmes. Tous les habitants du
village accompagnent ; les gens aisés ont revêtu
leurs plus beaux habits ; autour du trône de l'esprit, porté à l'épaule par huit hommes, se tiennent
les femmes vêtues de robes de soie rouge ou verte
pour les jeunes, violet foncé ou noire pour les
vieilles. Le chef de canton, le maire, les notables,
le maître d'école, tous les petits fonctionnaires de
la commune, vêtus de leur robe de cérémonie à

larges manches, coiffés du bonnet de lettré et chaussés des bottes de gala aux épaisses semelles de feutre, suivent le trône. Les jeunes garçons et les jeunes filles portent en sautoir des guirlandes de fleurs de jasmin.

Les vieillards qui ont plus de soixante-dix ans, suivent en première ligne, la tête recouverte d'une coiffure spéciale, nommée *Mu Ni*, composée d'une calotte noire et rouge, à fond plat, brodée, agrémentée de pendentifs sur les côtés et d'un couvre-nuque noir qui tombe presque jusqu'à la ceinture.

On fait des processions publiques pour chasser les esprits malfaisants, les maladies épidémiques, conjurer les calamités publiques. Elles sont placées sous l'invocation d'un génie, mâle ou femelle, dont on promène l'image ou la tablette renfermée dans une sorte de tabernacle porté à l'épaule par plusieurs hommes.

Dans les cas de sécheresse, on fait des processions pour demander la pluie, et aussi quand il pleut trop, pour faire revenir le beau temps.

Les bonzes vont processionnellement, à de certaines époques, chercher l'eau nécessaire au nettoyage des statues des pagodes. Cette eau ne doit provenir ni des rizières, ni des mares, elle doit être puisée en plein courant du fleuve, et, autant que possible, au milieu d'un confluent.

Le quinzième jour du 1er mois, les Chinois du Tonkin procèdent à la promenade du Dragon; l'animal symbolique est représenté par un assem-

5.

blage de bambous, de rotins, de toiles et de papiers peints ; cette charpente souple est montée de place en place sur des tiges verticales de bambous tenues par des hommes, ce qui permet à ces derniers en levant et baissant alternativement ces supports, en décrivant en file indienne de sinueux parcours, de faire ondoyer et serpenter en tous les sens le corps du monstre. La tête est tenue, au bout des deux bras tendus en l'air, par un homme dont le corps est complètement dissimulé, et qui se livre à une gymnastique effrénée, qui donne une physionomie saisissante à cette tête de dragon, dont les yeux énormes, les mâchoires et la langue sont articulés et se meuvent d'une étrange façon. Un personnage, armé d'une perche au bout de laquelle est suspendue une boule, remplacée la nuit par une grosse lanterne sphérique, excite le monstre. Parfois aussi, l'homme à la boule est remplacé par un tigre fantastique ; il y a alors lutte incessante entre le tigre et le dragon.

Nous reviendrons plus en détail sur les accessoires des cortèges et processions.

Cette fête chinoise du Dragon au printemps est une coutume symbolique perpétuée depuis les temps préhistoriques. Nous empruntons à M. de Groot, le commentaire suivant d'un passage de l'*Uranographie chinoise* du docteur Schlegel :

« Il y a eu vraiment une époque où *Spica* de la Vierge, l'étoile dont les Chinois font la tête de la constellation du *Dragon bleu*, se montrait au com-

mencement du printemps à l'horizon, en même
temps que le soleil, et où, à mesure que la saison
progressait, on voyait chaque jour quelque nouvelle partie du monstre céleste apparaître au bord
du ciel en même temps que le roi du jour. Cette
époque, que le docteur Schlegel, en se fondant
sur la précession des équinoxes, fait remonter environ 160 siècles avant notre ère, aurait, d'après
lui, donné naissance aux dénominations en majeure
partie encore existantes de la sphère chinoise. Si
cette hypothèse est juste, il faut attribuer aux traditions astronomiques de l'Extrême-Orient, et par
conséquent aussi à la race chinoise actuelle, un
âge aussi grand, si ce n'est plus grand, que celui
de l'homme antédiluvien de l'Europe! »

Nous avons dit que le dragon, dans la procession
du printemps, était excité par un homme tenant
au bout d'un bâton, une sorte de globe lumineux ;
« le porteur de cette boule la fait s'incliner tantôt
dans un sens, tantôt dans l'autre, et la tête du
dragon en suit les mouvements comme s'il s'effor-
çait d'engloutir le globe de feu. Cette lanterne re-
présenterait-elle peut-être le soleil du printemps
d'il y a 18,000 ans, et ce dragon en toile serait-il
la reproduction du Dragon azuré de la sphère céleste chinoise, dont la tête, c'est-à-dire l'étoile
Spica, à la même époque si reculée dans la nuit
des temps, se levait et se couchait en même temps
que le soleil du commencement du printemps? Le
phénomène astronomique d'alors pouvait réelle-

ment se décrire comme un dragon s'avançant de plus en plus à la poursuite du soleil et finissant par l'engloutir; et si les processions qui se font encore aujourd'hui en ont été originairement une reproduction, l'imagination reste stupéfaite devant l'immense série d'âges à travers lesquels elles se sont maintenues »[1].

Nous ajouterons que, contrairement à ce qu'on a voulu faire croire aux Parisiens, à l'Exposition universelle de 1889, où la procession du Dragon a été donnée comme une coutume annamite, jamais les Annamites n'ont organisé une cérémonie de cette nature; elle est toujours restée, en Annam et au Tonkin, une manifestation purement chinoise, à laquelle prennent part seulement les membres des diverses congrégations du Céleste Empire.

LES DRAPEAUX

Cơ

Les drapeaux, pavillons, oriflammes, etc., jouent un grand rôle dans les cortèges tonkinois; quelques-uns d'entre eux sont symboliques.

En tête de toutes les processions des génies, on

---

1. De Groot (*op. cit.*).

doit porter cinq drapeaux à étamine carrée, bordée de différentes couleurs et toute entourée de dentelures en forme de flamme, ce sont les *co' ngu hanh*; ils figurent les cinq éléments, la *terre*, l'*eau*, le *feu*, le *métal* et le *bois* et se rapportent aux cinq points cardinaux, le *nord*, le *sud*, l'*est*, l'*ouest* et le *milieu* ou *zénith*.

Le rituel prescrit de porter ces étendards devant les cortèges royaux.

Sur le drapeau du nord, partie du ciel consacrée à Huyen Vu, qui est le *Grand Bouddha* de Hanoï [1], on brode un *serpent* et une *tortue*; sur celui du midi, on brode un *moineau rouge* (Chu-Diêu); sur celui de l'est, on brode un *dragon bleu* (Thanh Long), et un *tigre blanc* (Bach Ho) sur celui de l'ouest. La forme et les dimensions de ces étendards sont réglées dans le *Mémorial des Rites* (Lê Ky). Nous traduisons ce qui a rapport au drapeau du nord.

« L'étendard de Huyen Vu se rapporte à la constellation des sept étoiles du nord, il doit être brodé d'un serpent et d'une tortue.

« Ces animaux ont la réputation d'éloigner le danger et de conjurer les malheurs, c'est pourquoi l'étendard de Huyen Vu doit non seulement être porté devant l'empereur, mais encore flotter à

---

1. Voir notre étude archéologique et épigraphique sur *La Pagode de Tran Vu, le Grand Bouddha de Hanoï*. In-8-ill. Hanoï, 1888.

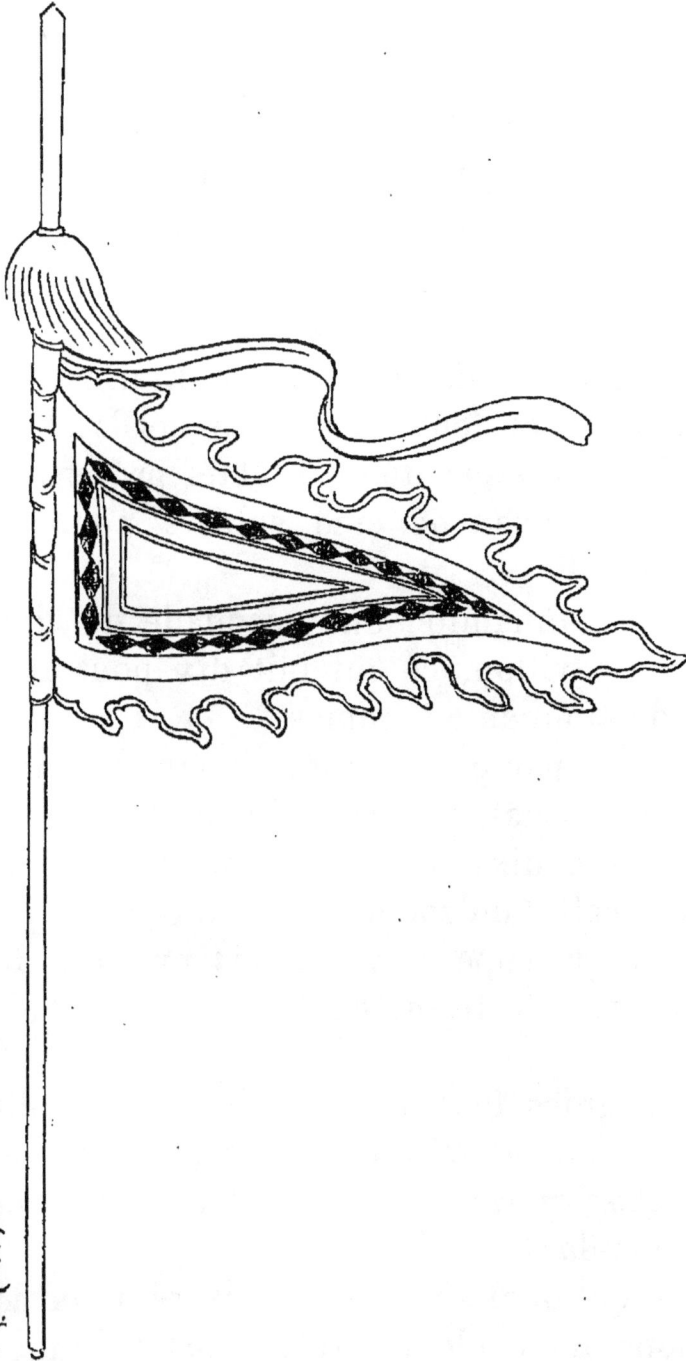

Fig. 20. — Le drapeau en queue de poisson. — *Co' duio nheo*.

arrière-garde des armées afin de prévenir toute surprise.

« Quach Phac dit que ce drapeau doit être fait une seule pièce de soie de la longueur de 8 thu'o'c (3ᵐ,46). Luc Diêu dit de plus qu'il doit être noir et porter sur ses bords seulement quatre dentelures en forme de flammes. »

Les *co' duoi nheo*, ou *drapeaux en forme de queue de poisson* sont des pavillons militaires; ils sont triangulaires et dentelés sur les bords; leur nombre indique la quantité de soldats présents à la cérémonie à raison de cinq soldats pour un pavillon.

Dans l'armée annamite, une escouade de cinq hommes a un pavillon, ce qui fait dix pour une compagnie de cinquante hommes.

Il y a de plus, par compagnie, un étendard qui porte un nom spécial, qui est celui de la compagnie; on compte dix compagnies pour un régiment, ce sont celles du soleil, de la lune, du principe mâle, du principe femelle, des nuages, du vent, du dragon, du tigre, du serpent et de l'oiseau.

Cinq compagnies font un bataillon. Celui dit de droite s'appelle *bataillon de la terre*, et celui de gauche *bataillon du ciel*. Chacun d'eux est pourvu d'un grand étendard.

L'étendard national annamite est la réunion de cinq pavillons de couleurs différentes : rouge, blanc, orange, noir, vert.

Le *co' tu'o'ng* est l'insigne du commandement militaire ; il flotte sur les maisons des Tông doc et du Kinh-Lu'ô'c, et les accompagne dans leurs expéditions militaires : c'est une flamme quadrangulaire, rouge, unie, sans dentelures.

On voit également, dans les processions, de petites bannières dont l'usage a été emprunté à la la Chine, ce sont les *co' gâm* ; elles portent des devises brodées, ou le nom de la pagode à laquelle elles appartiennent.

En Chine, quand on veut dire l'*armée*, on dit les *huit bannières* ; ce sont huit corps d'armée composé en grande majorité de Tartares mandchous et mongols, et de ceux des Chinois qui ont aidé ces derniers dans la conquête de la Chine. Dans une conversation avec un Chinois, lorsqu'après les politesses d'usage on s'est informé de son pays, de son âge, etc., on lui demande généralement s'il est d'origine chinoise ou mandchoue, la formule est alors : *Êtes-vous (un homme) des bannières?* pour êtes-vous (d'origine) mandchoue ? Si c'est un Chinois pur sang, il répond : *Non, je suis (un homme) des Han* [1]. Les bannières sont de deux rangs :

1ᵉʳ *rang.*

1ʳᵉ bannière. Bordée de jaune.
2ᵉ   —   Entièrement jaune.
3ᵉ   —   Entièrement blanche.

---

1. Han est une dynastie qui a régné sur la Chine de l'an 202 av. J.-Ch. à 220 de notre ère.

Fig. 21. — Bannière religieuse, — *Co' gẩm.*

2e rang.

4e bannière.   Bordée de blanc.

5e   —   Entièrement rouge.

6e   —   Bordée de rouge.

7e   —   Entièrement bleue.

8e   —   Bordée de bleue.

Partout où ces corps d'armée tiennent garnison, ils occupent un quartier spécial de la ville et n'ont rien de commun avec les populations locales ou indigènes.

LE GONG

Il y a au Tonkin trois sortes de gongs de métal : le *chiêng*, le *lênh*, le *thanh la.*

Le *chiêng* est un disque de cuivre jaune martelé, pourvu à sa partie centrale d'un renflement hémisphérique sur lequel on frappe au moyen d'une batte de bois rembourrée ; il est pourvu à sa circonférence d'un large rebord de la même épaisseur que la face. Ce rebord s'appelle *thanh chiêng;* la face du disque s'appelle *mat chiêng* et le renflement central, *vu* ou *mum.*

La fabrication des gongs est une spécialité de la ville de Hanoï : tout un quartier est employé à cette industrie, et on en exporte des quantités en Chine, au Laos et jusqu'au Siam. Les gongs de Hanoï ont une grande réputation dans tout l'Extrême-Orient.

大鉦

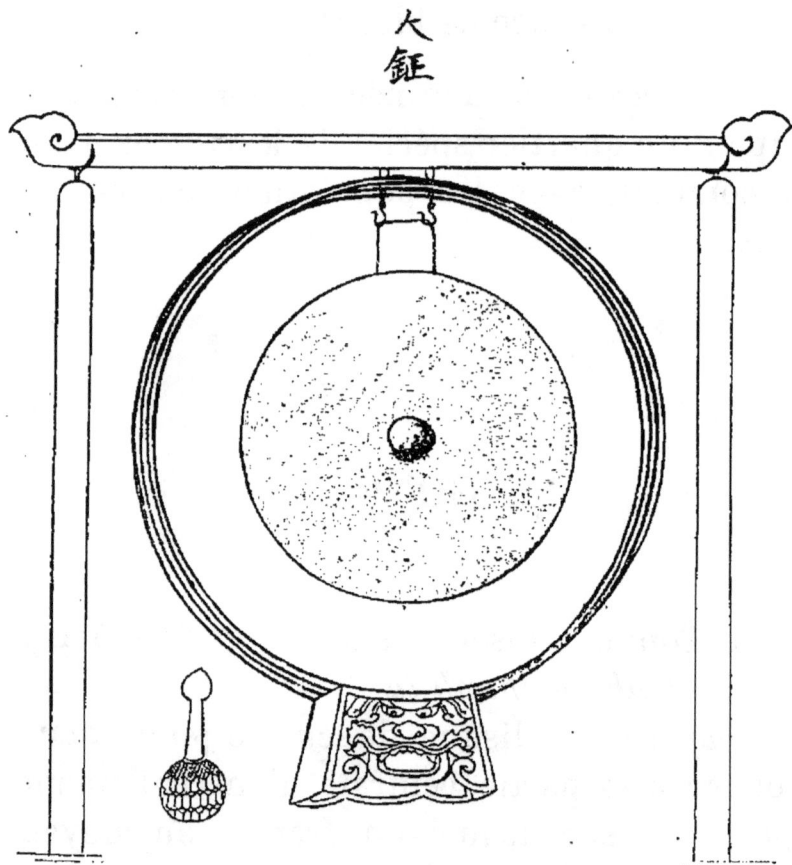

Fig. 22. — Le Gong. — *Chiêng*.

On trouve cet instrument dans les pagodes et dans le prétoire des magistrats. On le porte devant les mandarins en voyage et dans les cortèges religieux. Dans les exécutions capitales, il sert à sonner le glas funèbre et à donner le signal de la décapitation. Un gong de moyenne taille coûte dix ligatures, mais on le vend généralement au poids, selon la sonorité, au prix moyen de deux ligatures[1] le *cân* (100 cân pour 1 picul de 62 kilos).

Certains gongs, en cuivre argentifère du Yunnan, sont absolument blancs ; le son qu'on en tire est d'une ampleur et d'un timbre incroyables ; ils valent cinq ou six fois plus cher que les précédents.

Le *lênh* est un instrument de cuivre discoïde, comme le *cai chiêng*, mais qui n'a pas de mamelon central. Le timbre en est plus criard et moins sonore ; sa place est également marquée dans tous les cortèges, mais surtout dans les cérémonies funèbres, où il précède le cercueil. On le frappe avec une batte de bois non rembourrée. Les paysans se servent du *lênh* pour rassembler les convives des repas publics qui suivent les fêtes religieuses et les grands enterrements.

Le *thanh la* est un petit tympan de cuivre fortement allié de zinc, de l'épaisseur d'un millimètre, avec un petit renflement au centre. Il n'a pas de rebords ; on le frappe au moyen d'un petit marteau de bois, il a le timbre d'une clochette. Cet instrument fait partie des orchestres religieux et profanes. Il coûte environ une ligature et demie.

---

1. On appelle *ligature*, la réunion de 600 sapèques enfilées par moitié dans deux liens de bambous. Le taux en est très variable, au moment où nous écrivons ces lignes, la piastre mexicaine, en usage ici, vaut 4 fr. 10 de France, et 7 ligatures et demie ou 4,500 sapèques de zinc.

LE TAMBOUR

T'RÔNG

Il en est d'énormes et qui ont la forme et la

大暑鼓

Fig. 23. — Le Tambour. — *Trông.*

structure d'un tonneau ventru ; ils sont très soigneusement laqués de rouge et recouverts de dra-

gons et de nuages en dorure. Le tympan du tambour fait d'une peau de buffle est également laqué et doré; on le frappe à l'aide d'une grosse batte de bois (giui trông).

Ces tambours que les Annamites appellent *trông cai* ou *trông dại lu'o'c* sont suspendus au milieu d'un cercle de bois fixé sur un pied sculpté (gia trông); les meilleurs coûtent trente-six ligatures avec le support.

Ils servent dans les pagodes à appeler les fidèles et à marquer certaines phases de l'exercice du culte bouddhique ; chez les mandarins, à frapper les veilles et à faire des appels d'alarme.

Ils sont transportés à la suite des mandarins dans leurs voyages pour annoncer aux populations la qualité du voyageur; ils servent aussi, dans les combats, à transmettre les commandements aux troupes.

Dans chaque village, un tambour semblable sert à appeler les notables à la maison commune (dinh).

D'autres tambours, de même forme, mais moins gros, servent également dans les temples et dans les prétoires des magistrats à marquer certains signaux. Ils figurent également dans les orchestres, avec le tambour plat à un ou deux tympans (*trông phu'o'ng*) sur lequel on frappe au moyen de deux baguettes de bois de fer, entremêlant les coups sonores frappés sur la peau, de coups mats frappés sur le bois du tambour.

En avant de tous les cortèges se trouve toujours

un individu porteur d'un tambour à manche (*trông khâu*), qu'il tient d'une main et sur lequel il tape avec une baguette unique.

TABLETTE DES ANCÊTRES

Moc Vi, Moc Chu

Ce sont de petites planchettes sobrement ornementées, à sommet arrondi, dressées verticalement sur un socle carré ; elles sont laquées de rouge et les ornements en relief sont dorés ; au milieu, deux lignes d'écriture noire se détachent sur un fond blanc. La ligne de droite énonce les noms, prénoms, titres, grades et dignités du défunt, la ligne de gauche le nom du fils à qui incombe le soin d'assurer l'exercice du culte.

La tablette doit être en bois de jujubier (*Tao*) que l'on coupe pendant le jour propice ; ses dimensions sont réglées par le *Gia-Lê*[1] : elle doit avoir 4 pouces de largeur en souvenir des 4 saisons de l'année, 12 pouces de hauteur en souvenir des 12 mois ; 30 *fen* (3 pouces) d'épaisseur en souvenir des

---

1. C'est le *Rituel domestique,* il contient des prescriptions pour tous les objets dont on se sert, et aussi pour tous les actes et les devoirs de la vie.

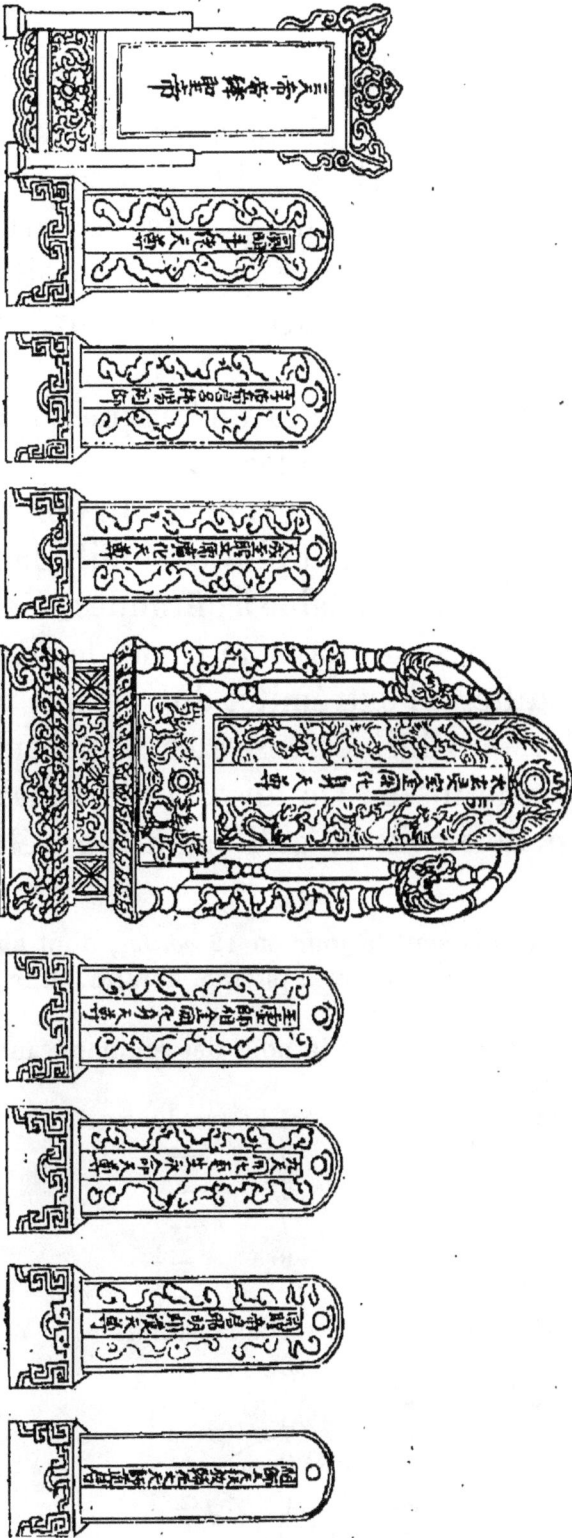

Fig. 24. — Formes diverses de tablettes votives.

30 jours du mois. Les planchettes qui la composent doivent avoir 12 *fen* d'épaisseur en souvenir des 12 heures du jour[1]. On la surmonte quelquefois d'un petit disque de bois qui doit avoir 5 *fen* d'épaisseur et 1 pouce de hauteur, monté sur une gorge.

Les tablettes sont pourvues de chaque côté d'un petit trou qui figure les oreilles.

Quand on procède à l'enterrement du défunt, on porte sa tablette en avant du cercueil, dans un *cái long dinh*, ou sur une table à offrandes. Dès que le cercueil est descendu dans la fosse, le fils aîné vient s'agenouiller à l'extrémité, du côté des pieds, ses frères derrière lui, et les autres parents de chaque côté de la fosse. On lui apporte la tablette qu'il reçoit pieusement et qu'il salue en l'élevant

---

1. Les Annamites divisent le jour en 12 *veilles*, dont chacune correspond à 2 heures de notre système horaire. Une *veille* s'appelle *Canh*.

Voici le nom des 12 *veilles* et le nom des animaux auxquels elles correspondent :

Ti (rat)	de 11 heures du soir à 1 heure du matin.			
Suu (bœuf)	1	—	3	—
Dan (tigre)	3	—	5	—
Meo (lapin)	5	—	7	—
Thin (dragon)	7	—	9	—
Ti (serpent)	9	—	11	—
Ngo (buffe)	11	—	1 après-midi.	
Mui (chèvre)	1	—	3	—
Than (singe)	3	—	5	—
Dau (coq)	5	—	7	—
Tuât (chien)	7	—	9	—
Hoi (porc)	9	—	11	

au-dessus de sa tête. A ce moment s'approche un personnage, dont le rôle est de procéder à une légère opération qui suffit à compléter la tablette, ce qui permet à une partie de l'âme du défunt d'en prendre possession. Ce personnage est toujours choisi parmi les plus instruits ou les plus élevés en dignité des membres de la famille ; il s'avance armé d'un pinceau imbibé d'encre rouge, prend la tablette des mains du fils aîné, la place sur la table-autel, et trace, avec son pinceau, un seul trait en forme de virgule au-dessus d'un caractère qu'à dessein on avait laissé incomplet, ce caractère qui signifiait « roi » (*ouang*, en annamite *vu'o'ng*), signifie alors « maître ». C'est à ce moment précis que l'âme du défunt pénètre dans la tablette. Le parent lettré salue alors la tablette et se place sur le côté de la table-autel pour recevoir les prosternations du fils aîné.

On ne garde que les tablettes des quatre générations ascendantes à partir du père ; les jours de fête et de sacrifice on les range sur la partie supérieure de l'autel, de la manière suivante, en commençant par la gauche : trisaïeul, trisaïeule, bisaïeul, bisaïeule, aïeul, aïeule, père, mère.

Dans les jours ordinaires, les tablettes, recouvertes d'un étui de bois, sont renfermées dans une armoire spéciale.

Quand une nouvelle génération vient s'ajouter aux quatre autres, on fait une cérémonie de famille à laquelle on convie tous les parents, et

n enterre les tablettes des trisaïeux sous l'autel
es ancêtres.

Les génies ont aussi leurs tablettes dans les
emples, elles ne portent qu'une seule ligne d'écri-
e énonçant les noms et les titres honorifiques
u personnage.

LA CHAISE A DRAGONS

Ngai long

C'est une sorte de trône sans pieds, élevé seulement sur un petit soubassement plus ou moins
sculpté; il sert principalement, dans les pagodes
des génies et les temples littéraires, à recevoir la
tablette du personnage que l'on veut honorer. Les
bras sont terminés par une tête de dragon, les
sculptures ressortent en dorure sur un fond de
laque rouge.

Dans quelques pagodes bouddhiques, on trouve
des statues de divinités placées sur des chaises à
dragons, mais ce n'est pas conforme au rituel qui
veut que tous les *Bouddhas* soient placés sur des
lotus, et les *Bodhisattvas* debout ou assis sur des
rochers ; cette infraction aux usages est due à
l'ignorance des bonzes, et aussi à l'influence du
taoïsme.

Fig. 25. — La chaise à dragons. — *Ngai Long.*

Presque toutes les statues taoïques sont placées sur des chaises à dragons, surtout les divinités stellaires : Ngoc-Hoang, l'empereur du Ciel, qui siège dans la constellation de la Grande Ourse et que l'on représente toujours entre les deux génies des étoiles Bac-Dau et Nam-Tao, est assis ainsi que ses acolytes sur un trône dont les bras se terminent par des têtes de dragons.

Ngoc-Hoang est la divinité suprême des taoïstes, et ses adjoints Bac-Dau et Nam-Tao sont spécialement chargés, le premier d'enregistrer la naissance des mortels, et le second du livre des décès. Les Annamites attribuent une fille à Ngoc-Hoang ; ils la nomment Ba-Liêu-Hang et disent qu'elle fut envoyée en punition sur la terre où elle épousa un lettré[1]. Cette divinité possède de nombreux sanctuaires au Tonkin[2].

LEPHU'O'N

C'est une devise ou une invocation religieuse, en sanscrit, écrite en caractères chinois sur une bande d'étoffe rouge.

---

[1]. Voir nos *Légendes historiques de l'Annam et du Tonkin*.
[2]. On a élevé près de la citadelle de Hanoï, un temple sur l'emplacement de la maison où vécurent les deux époux ; c'est la pagode de *Tu Uyen*, au milieu du lac de ce nom.

6.

Cette bande d'étoffe est encadrée de bordures d'une autre couleur, surmontée d'une tête quelquefois richement brodée, et terminée par une fleur de lotus d'où tombent cinq pendentifs, chacun de trois couleurs différentes.

Cette petite bannière est suspendue au sommet d'un bambou; elle est l'accessoire obligé des bonzesses, qui la tiennent à la main dans les processions.

On suspend encore le *phu'o'n* dans les pagodes, il en est de gigantesques, en papier, et même en soie, ces derniers le plus souvent couverts de riches broderies représentant des divinités et des caractères sacrés. Dans les funérailles, de pieux amis apportent parfois, avec des invocations à leur génie préféré, des *phu'o'n* qu'ils déposent sur le cercueil ou suspendent dans la maison du défunt.

Les invocations commencent toujours par les deux caractères chinois, *nam vu*, qui n'ont ici qu'une valeur phonétique et sont la transcription du mot sanscrit *namo*, je salue, *ave*.

Namo Dia Tang Bô-tat.
Je salue le Bodhisatva Diá Táng.

Namo A di da Phât.
Je salue le Bouddha Adida.

Namo Tich Ca Mau Ny Phât.
Je salue le Bouddha Tich-Ca-Mau-Ny (Çakya-Mouni).

Le *phu'o'n* s'accroche au sistre des bonzes; dans

Fig. 26. — Bonzesse portant le *phu'o'n*.

leurs pratiques d'exorcisme, les sorciers et même les bonzes tonkinois se servent du *phu'o'n* ; ils pensent que l'âme d'un défunt peut pénétrer dans le *phu'o'n* et l'animer ; ils font de même passer dans cette petite bannière les mauvais esprits qui obsèdent les possédés ou rendent les gens malades.

LE PALANQUIN

Vong

. . . .

Généraux, officiers, guerriers, porte-étendards,
Qu'avez-vous fait de votre courage?
On vous vit lâchement vous enfuir sans combattre ;
Les dents serrées, l'âme prête à s'envoler de terreur,
Comme des poules chassées par une meute de chiens.
Tellement affolés, tellement éperdus,
Que vous abandonnâtes, pour vous enfuir plus vite,
Vos sabres, vos fusils et jusqu'à vos chapeaux !
Vous avez mérité d'être accusés devant le trône !
Oserez-vous jamais monter de nouveau en palanquin?

(*Les lamentations des femmes*, chant annamite sur la prise de Hanoï.)

Le palanquin est, comme le parasol, un des principaux insignes du pouvoir.

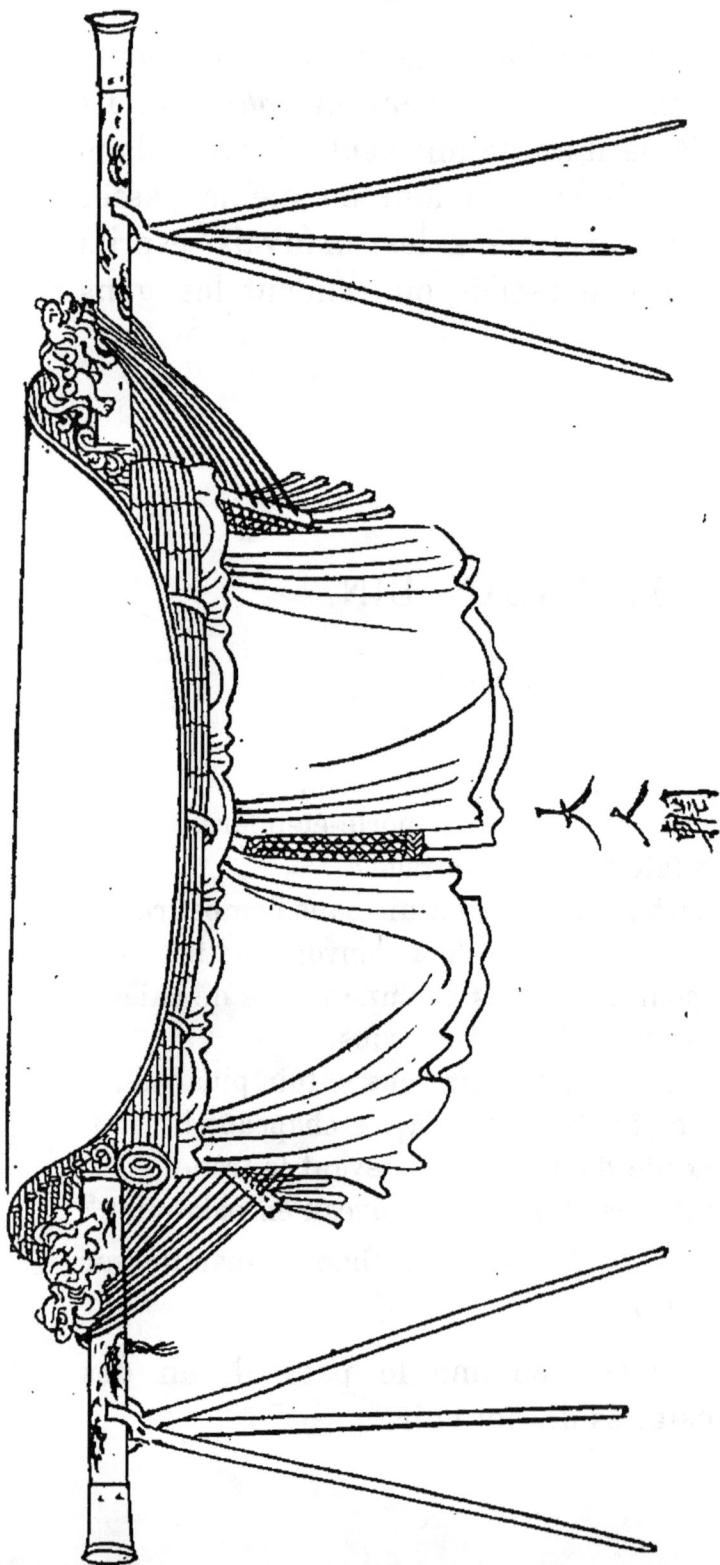

人人轿

Fig. 27. — Palanquin de mandarin.

Les palanquins de fonctionnaires se composent d'un riche filet de fine corde de ramie (gai) dont les extrémités sont tendues par une traverse de bois laquée noire ou bleue pour les mandarins inférieurs comme les préfets (phu) et les sous-préfets (huyên), rouge pour les mandarins intermédiaires : receveur des finances, Bô-chanh ; inspecteur provincial des écoles, Dôc-Hoc ; commandant des troupes de la province, Lanh-Binh, et en ivoire pour le chef du service judiciaire, An-Sat, et le gouverneur, Tong-Dôc.

Ce filet est suspendu à un très gros bambou d'une espèce particulière, de couleur jaune tigrée, que l'on appelle *tre hoa*, dont les extrémités sont garnies de métal ouvragé. Deux têtes d'animaux fabuleux (con sâu) retiennent sur le bambou les liens de suspension du filet qui ne sont autres que la réunion des fils qui constituent les mailles.

Le tout est recouvert d'un toit très bas, courbé et laqué ; de chaque côté pendent des rideaux d'étoffe de couleur et un store.

Le palanquin est porté à l'épaule par deux hommes qui vont toujours au trot, à une allure très cadencée ; deux autres suivent par derrière, portant chacun une sorte de trépied articulé sur lequel on pose le palanquin au repos.

Un ou plusieurs coureurs précèdent le véhicule, portant des armes ou des attributs [1], les parasols

1. Une épée ou un sabre à poignée d'ivoire et à garniture

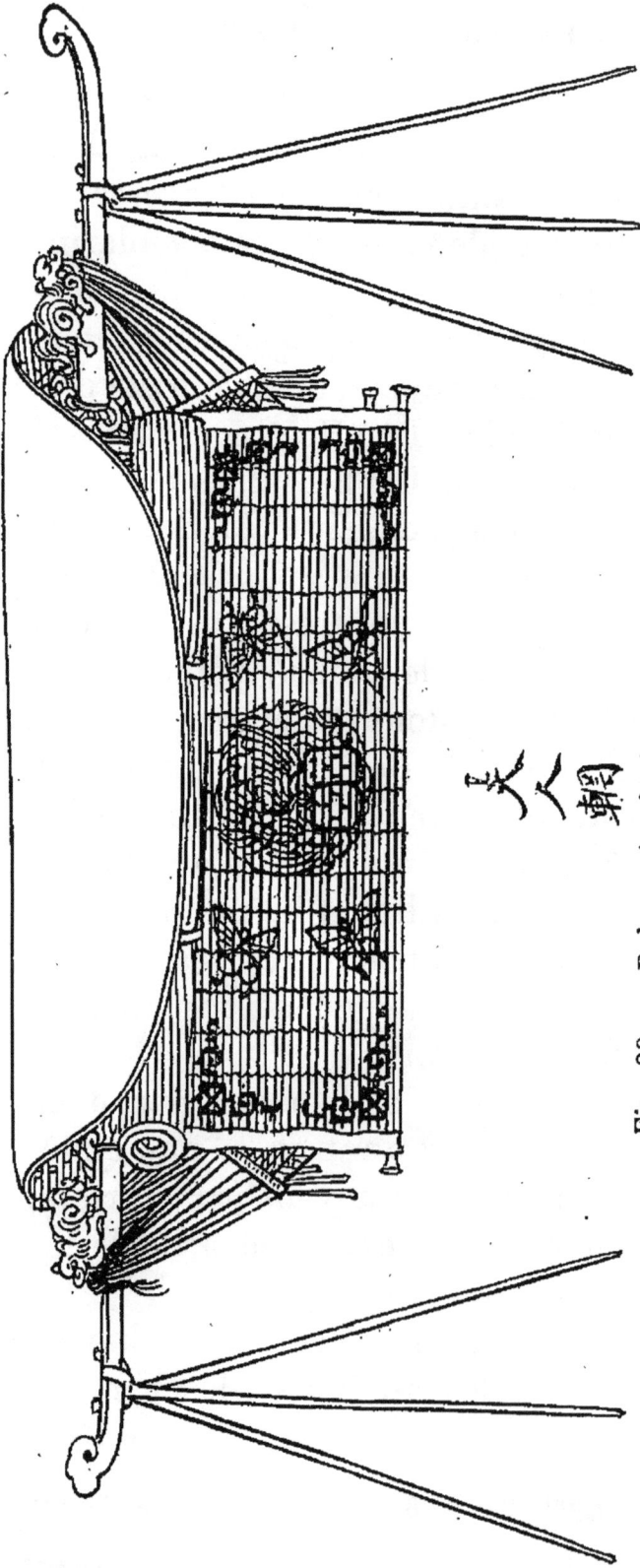

Fig. 28. — Palanquin de femme de mandarin.

trottinent sur les côtés, et la foule des porteurs
de pipe à eau, de tuyau de pipe, de boîte à bétel,
de crachoir, d'accoudoir, de cadouilles, etc., et
d'autres aussi qui ne portent rien du tout termine
le cortège.

龍
馬
燈

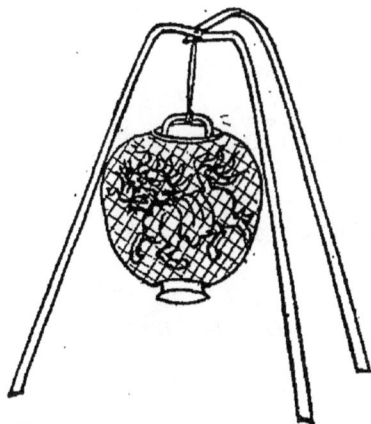

Fig. 29. — Lanterne de palanquin.

Les femmes de l'An-Sat, du Bo-chanh, du
Tông-Dôc et des mandarins de même rang seules

d'argent tenue la pointe en l'air et dans le fourreau pour les
Tong Dòc et *Lanh Binh*, et moins riches pour les *Phu* et *Huyen*.

Un grand bâton carré en bois de fer incrusté, semblable à
l'ancienne aune à mesurer l'étoffe pour les *An-Sat*.

De longues cannes à garniture d'étain ou d'argent et ornées
de glands pour les *Bo Chanh*.

ont droit au palanquin officiel mais il leur est interdit d'avoir la traverse d'ivoire, et le bambou de suspension est remplacé par une pièce de bois sculptée et laquée, les stores des côtés sont ornés de dessins de couleur.

Les femmes des Huyên, Phu et autres mandarins inférieurs n'ont pas droit au palanquin de distinction et doivent se contenter du palanquin banal, composé d'un simple filet suspendu sous un bambou, et recouvert d'une natte de paille.

LES ACCESSOIRES DE CORTÈGES

Dô lô bô

Dans les processions et dans les cortèges d'apparat, après les porteurs de drapeaux viennent les porteurs d'emblèmes; ils sont les uns et les autres vêtus d'un uniforme consistant en une chasuble de laine rouge, sans manches, couverte de broderies et d'applications quelquefois en haut relief figurant des ornements, des fleurs, des têtes de dragons et de tigres.

Ces chasubles recouvrent fort mal de sordides haillons, car les satellites des processions sont presque toujours de sales coolies dépenaillés et

7

loqueteux, loués quelques sapèques pour la cir-

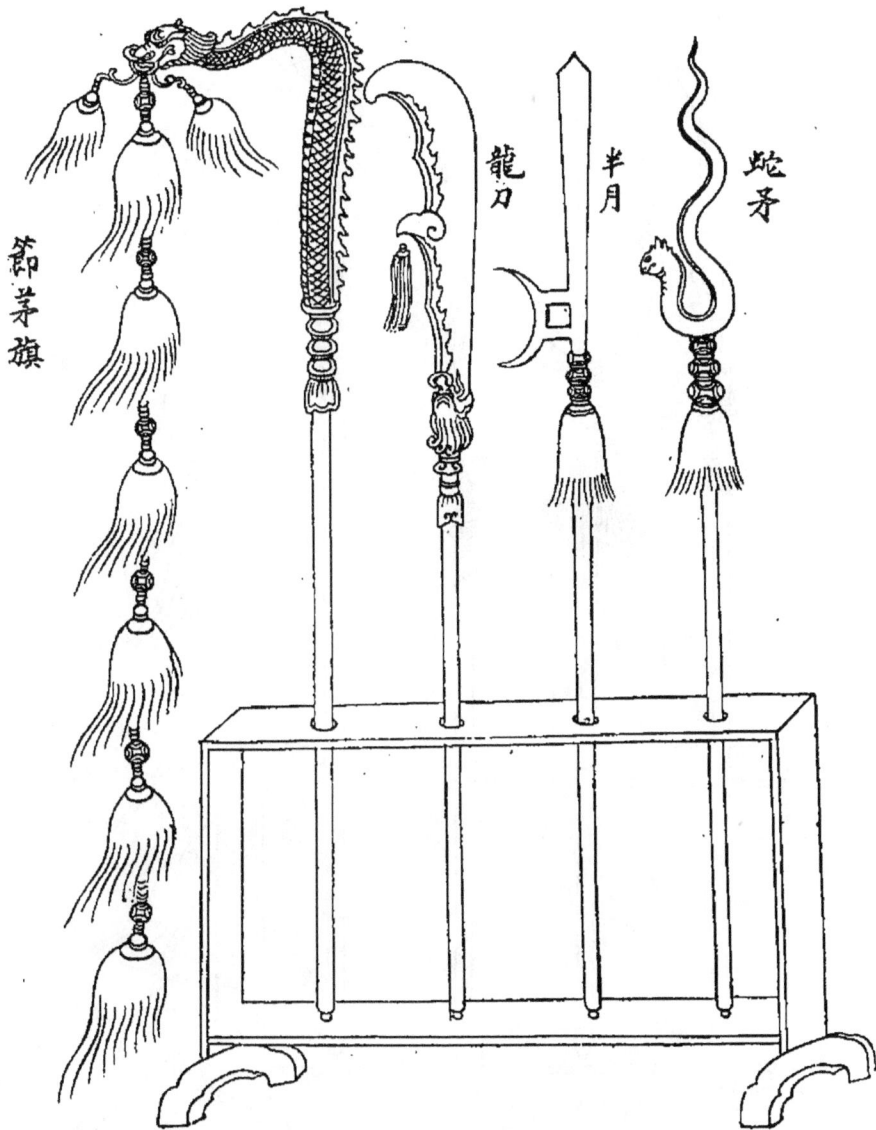

Fig. 30. — 1° Étendard de Cau Thin ou Tiét Mao; 2° Long
Dao; 3° Ban Nguyet; 4° Xà Mau.

constance. Ce sont eux qui donnent aux processions les mieux composées, cet aspect absolument

sordide qui est, malgré la richesse des accessoires

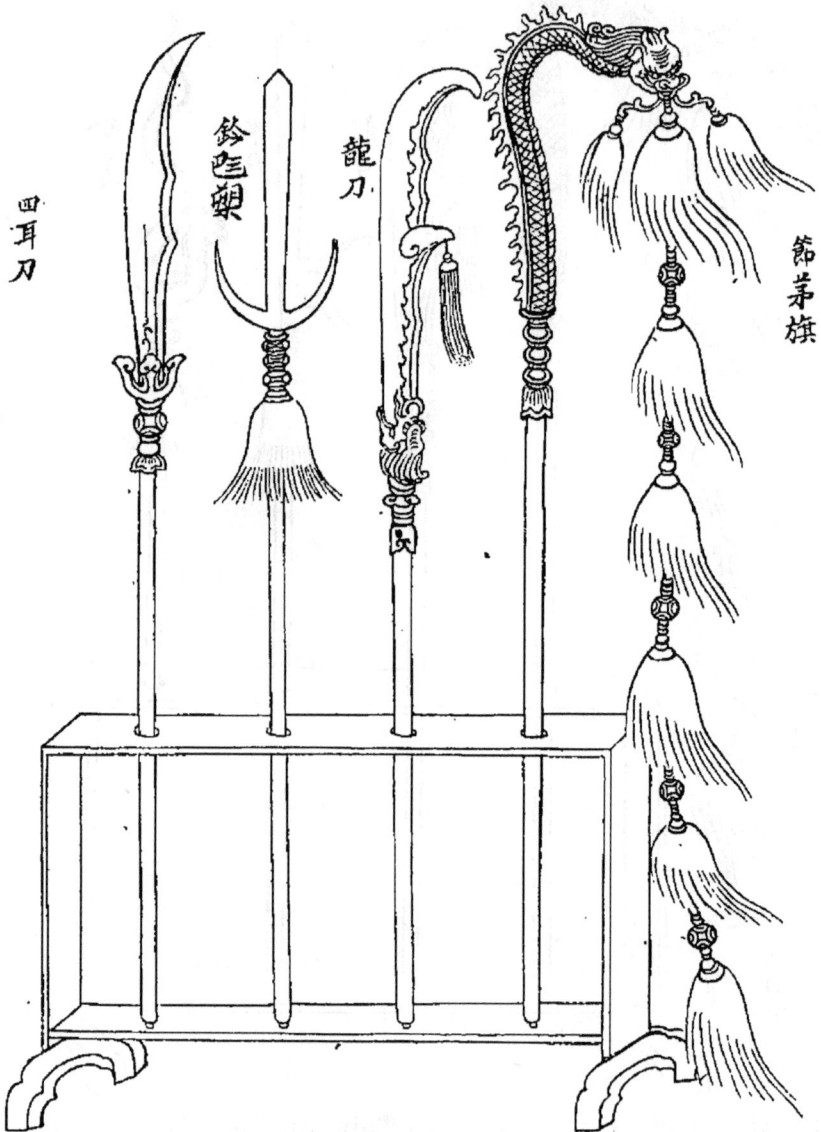

Fig. 31. — 1° Tu' nhi dao; 2° Dinh ba; 3° Long dao; 4° Étendard de Cau Thin ou tiét mao.

et de certains costumes, la caractéristique de toutes
ces processions annamites.

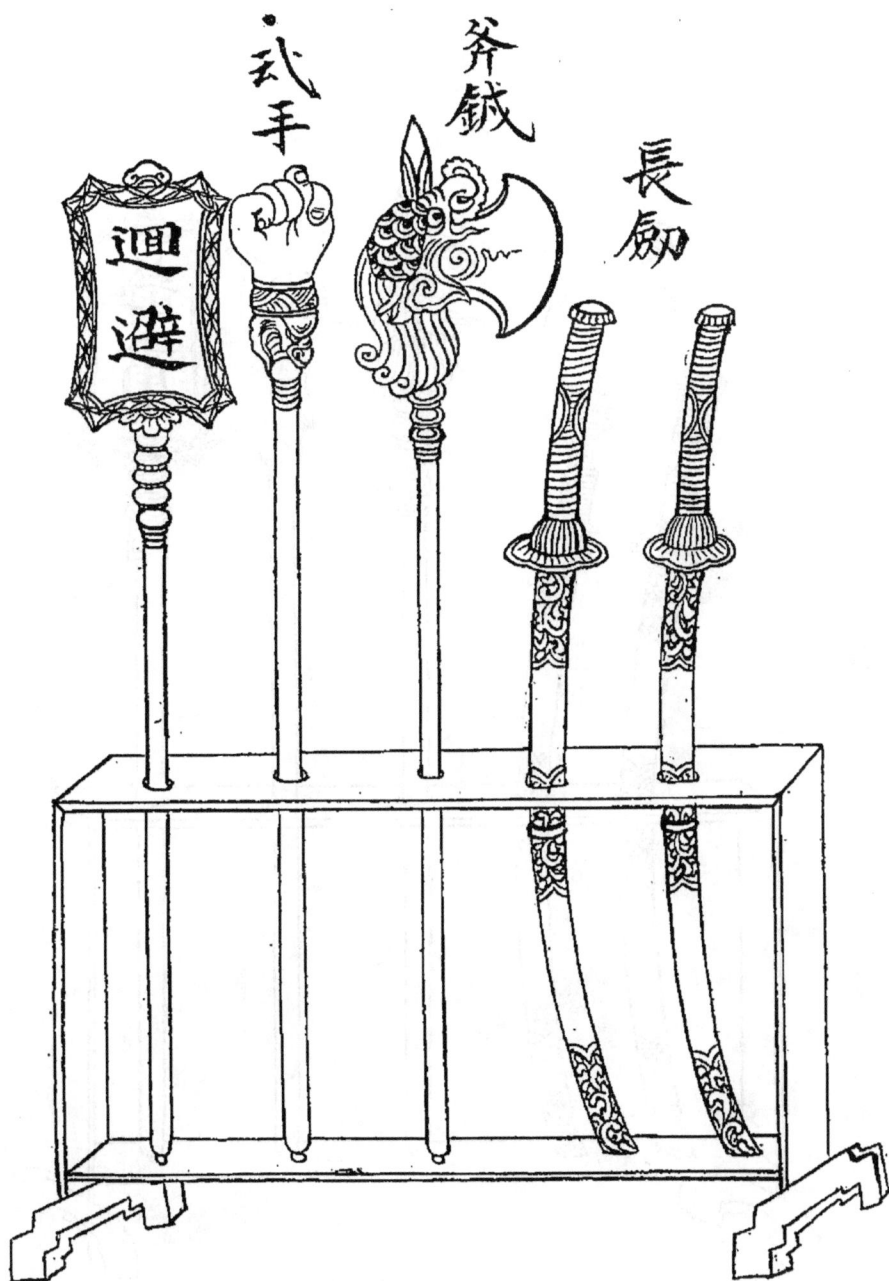

Fig. 32. — 1º Tablette Hui Ti (*prenez une attitude respectueuse*);
2º Vu Thu, emblème du pouvoir militaire; 3º Phu Viet, hache
de bataille ou de licteur; 4º Gu'o'm tru'o'ng.

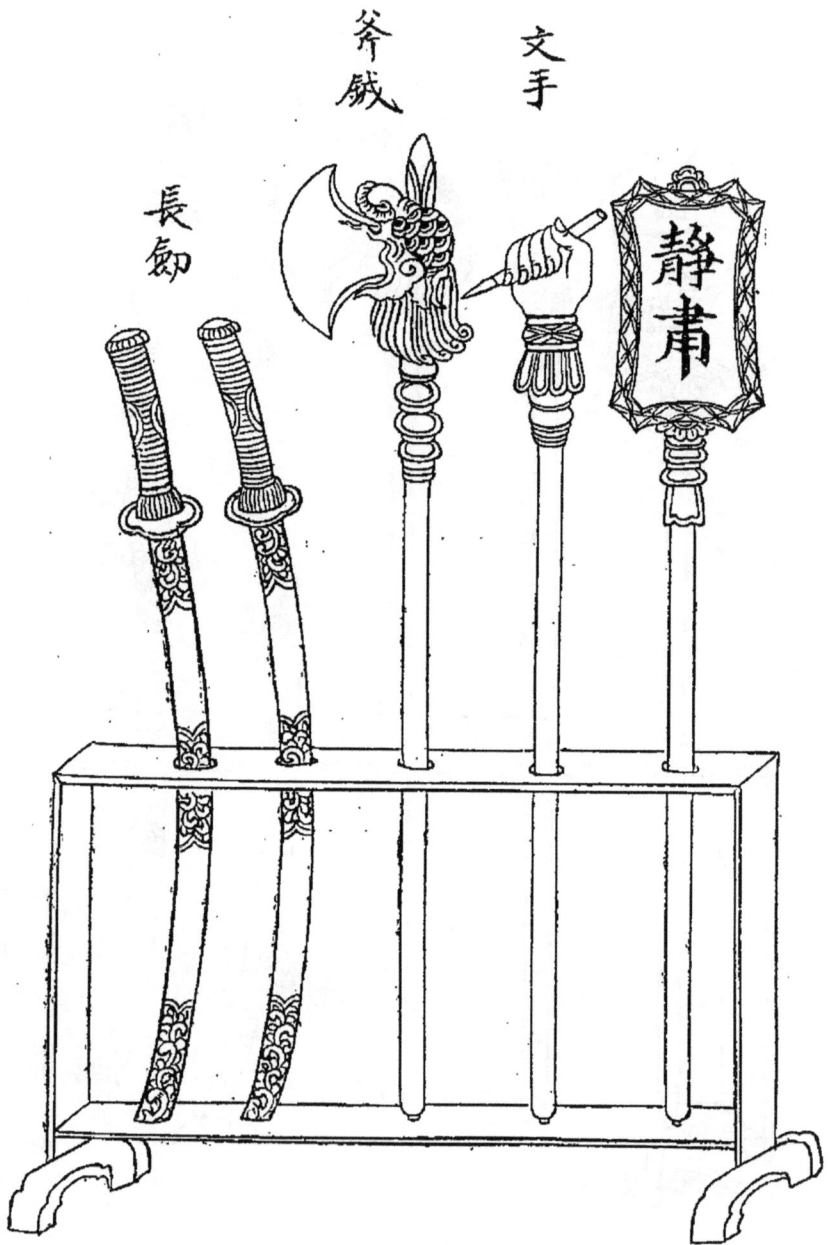

Fig. 33. — 1° Gu'o'm tru'o'ng; 2° Phu Viet; 3° Van thu, emblème du pouvoir civil; 4° tablette Tinh Tuc (*faites place*).

Les accessoires symboliques qu'ils portent se divisent en trois catégories : les armes et les *huit précieux objets de procession* proprement dits ; chaque série comprend huit objets.

Les *huit armes* se composent de deux *long dao*, ce sont des lances à longue lame coupant d'un côté seulement, dont la pointe est recourbée en dehors et arrondie (fig. 30).

Deux autres lances semblables aux précédentes, mais dont le manche est pourvu d'une douille en forme de fleur à quatre pétales, on les appelle *tu'nhi dao* (fig. 31).

Deux tridents, *dinh-ba*, dont l'un a la pointe centrale ondulée (fig. 31).

Une hallebarde dite *ban nguyet* ou demi-lune (fig. 30).

Une hallebarde à lame flamboyante, dite *Xà mâu*, lance (fig. 30).

Ces armes sont des réminiscences de l'ancien armement annamite ; les armes blanches des pirates actuels ont absolument les mêmes formes, et ne diffèrent de ces armes de parade que par leur plus grande solidité.

On ajoute à cette série les deux étendards dits de Cau-Thin ou Tiet mao ; ces étendards, empruntés au rituel chinois, sont formés de touffes de soie ou de poils suspendues à une hampe dont l'extrémité supérieure est terminée en tête de dragon (fig. 30 et 31).

Les armes sont généralement en bois laqué

rouge et or; les lames sont peintes couleur de fer avec un tel soin qu'on pourrait s'y méprendre. On en forge aussi en fer, mais rarement, parce que ce métal demande au Tonkin beaucoup de soin pour son entretien. Dans les riches pagodes, il est des armes en bois de telle taille qu'un Annamite a peine à les porter dans les processions.

La série des accessoires emblématiques nommés *dô lô bô*, ce qui signifie « objets pour les processions », se compose principalement de quatre longs sabres (gu'o'm tru'o'ng) en bois laqué rouge et or (fig. 32 et 33). Ces sabres sont légèrement courbés comme les sabres japonais et se tiennent sous le bras.

Deux haches (fig. 32 et 33) (Phu-Viêt) de bois [1].

Une main tenant un pinceau (fig. 33) représentant le pouvoir civil.

Un poing fermé (fig. 32) représentant le pouvoir militaire (Vu Thu).

Deux tablettes rouges encadrées d'or portant les caractères *Tinh tuc* et *Hui Ti* (fig. 32 et 33), ce qui signifie : « Prenez une attitude respectueuse » et « Faites place. »

Dans les temples taoïques et sur les autels des

---

1. La figuration de la hache symbolique est très ancienne en Chine; le *Rituel* prescrit de peindre sur les linceuls qui recouvrent les morts, ainsi que sur les accessoires des cortèges funèbres et sur le dais qui surmonte le cercueil, des fers de hache, non point, dit un commentateur, en réminiscence du travail vulgaire, mais bien dans un sens allégorique, pour indiquer que l'existence est tranchée.

sorciers de toute nature, *phu-thuy, ba-co, phu-dông, ba-dông,* etc., figurent des objets particuliers, ce sont : un *drapeau rouge* pour les exorciseurs, cinq petits *drapeaux de commandement,* pour donner des ordres aux démons, deux *marteaux de bois,* deux *rotins,* vulgairement appelés *cadouilles,* et *deux sabres en bois.* Ces instruments sont destinés à mettre les mauvais esprits en fuite, à les contraindre d'abandonner le corps des gens chez qui ils se sont introduits, et où ils produisent de graves désordres, folie, maladie, infirmité, malchance, etc.

LES HUIT PRÉCIEUX

BAT BU'U

Bat Bu'u est une corruption de *Bat Bao* (les huit précieux) : ils se composent de huit emblèmes fixés au bout d'une hampe, et qui sont :

Les deux flûtes accouplées (fig. 34). *Doi sao.*

La guitare. . . . . *Dan ti ba.*

La corbeille à fleurs . . . . *Lang.*

L'éventail. . . . . *Quat.*

Le livre . . . . *Pho sach.*

Les tablettes littéraires . . . . . *Cuôn tho'.*

Le tam-tam de pierre . . . . *Khanh.*

La calebasse . . . . *Qua bâu.*

Il est facile de reconnaître le symbolisme de ces huit *objets précieux*. La flûte, la guitare et le khanh figurent la musique, les jouissances que l'on peut se procurer par l'ouïe, ils représentent trois des

Fig. 34. — Les Bat Bu'u (huit objets précieux).

huit matières sonores qui sont : la soie, le bois, le métal, la terre cuite, le bambou, la peau et la pierre. Nous verrons plus loin que le khanh n'est plus aujourd'hui qu'un objet archéologique, conservé

7.

dans les temples, mais qu'il a précédé tous les autres instruments de musique.

La corbeille à fleurs symbolise le réveil de la nature après l'hiver, l'épanouissement de la jeunesse, les jouissances que l'on peut se procurer par l'odorat et la vue. L'éventail est le vent léger qui tempère les ardeurs du soleil d'été, il représente la grâce féminine. Le livre est la source intarissable de toute sagesse et de toute science. Les tablettes, toujours prêtes à recevoir et à fixer les subtiles et fugitives conceptions de l'esprit, symbolisent la littérature.

La calebasse figure, dans tout l'Orient chinois, la corne d'abondance ; les médecins chinois renferment leurs drogues dans de petites calebasses vidées, ou dans des fioles de même forme, ce qui fait encore de ce fruit l'emblème de la guérison. Une très ancienne coutume encore en usage en Chine, veut que les conjoints, le jour du mariage, vident à moitié chacun une coupe remplie de vin, puis échangent ces coupes pour boire le reste. Les coupes qui servent à cette libation matrimoniale sont en porcelaine et réunies par un fil de soie rouge, emblème du bonheur ; elles étaient autrefois formées d'une courge ou calebasse coupée par la moitié.

La calebasse est aussi un porte-bonheur. Certains auteurs chinois recommandent de porter, attachée sur le côté gauche de la poitrine, une petite calebasse en bois de saule.

Le jour du *Têt* ou *fête des enfants*, on vend dans

tout le Tonkin des petites amulettes de soie de cinq couleurs, jaune, vert, rouge, blanc et bleu, destinées à être accrochées au bouton de l'habit des enfants ou suspendues à leur cou ; ces amulettes se composent de : un petit miroir rond, une fleur de lotus, un citron digité (main de Bouddha), une pêche, un petit morceau de pierre rouge, la plupart du temps taillée en forme de petit cochon, et une calebasse.

La calebasse est encore rangée parmi les matières sonores.

Chaque village possède la collection des *Bat Bu'u* ainsi que celle des armes et des *dô lô bô* ; elles sont déposées dans la maison commune (dinh) ou dans la pagode du génie local (den *ou* miêu).

Ces emblèmes sont fabriqués de trois façons différentes.

1° En bois sculpté, laqué et doré ;

2° En étain ;

3° En forme de transparents qu'on allume à l'intérieur.

LES PARASOLS

LONG

Les parasols sont divisés en deux catégories de différentes couleurs, il y en a de jaunes et de verts.

Les jaunes sont exclusivement réservés au roi et aux génies ; les verts sont pour les fonctionnaires.

Ont droit à quatre parasols :

Le Ki'nh-Lu'o'c (vice-roi), les gouverneurs généraux et particuliers des provinces (Tòng Dôc et Tuân phu) ; le général en chef des troupes du royaume (Thông chê).

Ont droit à deux parasols :

Les mandarins provinciaux chargés de la justice et de l'impôt (An Sát et Bô chánh); le général des troupes de la province (Dê-dôc) et les commandants sous ses ordres (Chánh lang, Pho lang, etc.),

Ont droit à un seul parasol :

Les préfets et sous-préfets (Tri phu et Tri huyên), les chefs de canton (Cai tông, Bang biên, Thu'o'ng biên, etc.); le supérieur des bonzes (Hoa thu'o'ng); la supérieure des bonzesses (Dông quan); le directeur provincial de l'enseignement (Dôc hoc); les directeurs des écoles des préfectures et des sous-préfectures (Huân dao et Giâo tho).

Les parasols sont en papier laqué; ils s'ouvrent et se ferment comme nos parapluies; l'armature est toute en bambou; elle est dissimulée à l'intérieur par un réseau de fils de coton rouges et blancs d'où pendent de petits paquets de pompons.

Il est une espèce toute spéciale de parasols en étoffe, on les appelle *tan*. Ils ne se ferment pas, ce sont plutôt des dais circulaires, la draperie est jaune ou rouge et brodée d'ornements et d'emblèmes; ces broderies représentent le plus souvent

Fig. 35. — *Tan*. — Parasol d'étoffe brodée.

les quatre animaux symboliques. Ils sont de plus, ornés de pendentifs brodés d'une tête de dragon. Les *tan* sont exclusivement réservés au roi et au

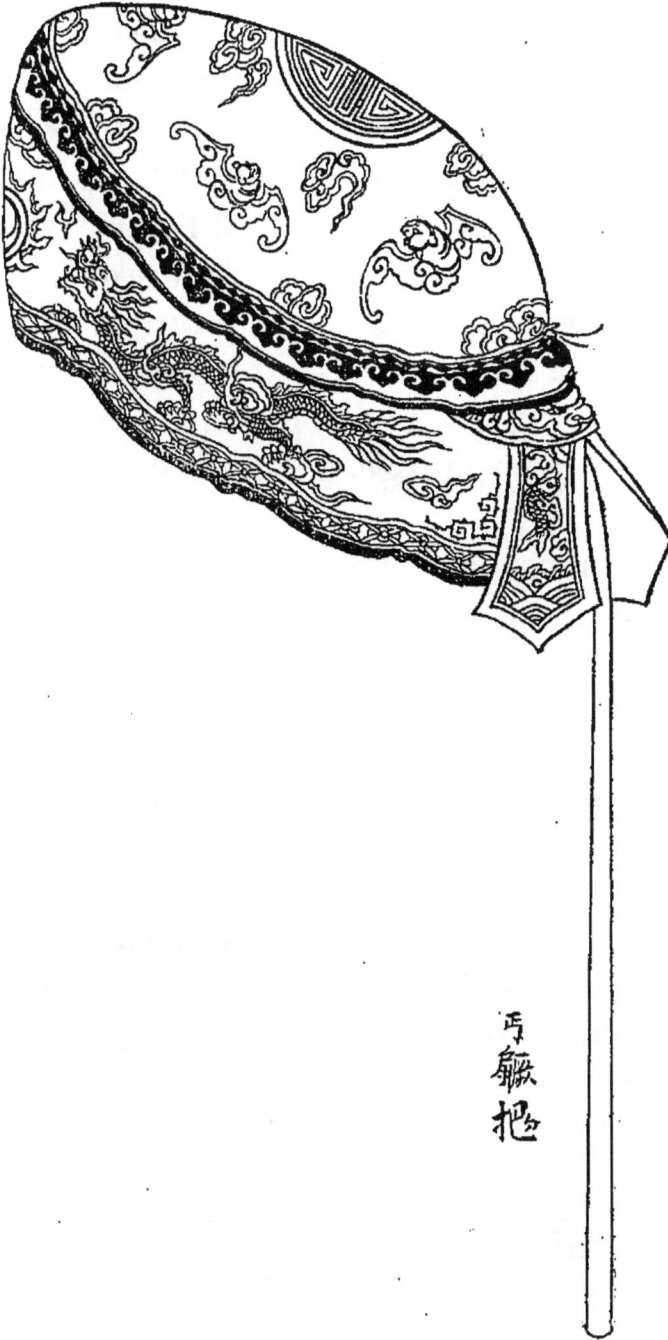

Fig. 36. — *Quât va.*

culte ; dans les processions, on abrite l'idole ou sa tablette sous le *tan*, quelquefois la tige n'est pas au centre, mais fixée à la circonférence, on les appelle alors *quât va*.

Le parasol est une des nombreuses spécialités industrielles de Hanoï ; déplacés par l'élargissement de la rue dite des Brodeurs, à l'extrémité de laquelle ils se trouvaient autrefois, les ouvriers se sont retirés derrière le camp des lettrés, et se sont de nouveau groupés tous ensemble ; ils constituent une sorte de village de fabricants de parasols.

Les Annamites du peuple, ne pouvant se payer le luxe interdit du parasol, se consolent avec nos ombrelles et nos parapluies, et se promènent gravement dans les rues avec un parapluie ouvert quand il fait beau temps, et une ombrelle pendant la nuit noire. Le parapluie est souvent chanté dans les romances amoureuses :

Je veux acheter pour vous de beaux vêtements de soie,
Une tunique légère et transparente,
Un pantalon épais et soyeux,
Une ceinture rouge, un parapluie,
C'est ainsi que je vous aime.

(Chanson annamite.)

LE CHAR DE L'ESPRIT

Kiéu

C'est la pièce principale de toute procession, elle affecte soit la forme d'un char, soit la forme d'une petite pagode, il en est d'une délicatesse de travail et d'une richesse excessives, couverts d'ornements, percés à jour comme une dentelle par les découpures, les sculptures, dorés, laqués, vermillonnés ; le motif cependant est toujours le même : des dragons se tordant au milieu des nuages.

Le char est posé sur deux brancards ; chacune des extrémités de ces deux brancards repose elle-même sur d'autres supports transversaux, et selon que l'appareil est plus ou moins lourd, on multiplie ces supports accessoires de façon à ce qu'il puisse être porté à l'épaule par quatre, huit ou seize hommes [1].

Il est rare que l'on mette une idole sur ce char : on se contente généralement de sa tablette, ou bien on figure un mannequin recouvert d'étoffes de luxe, coiffé d'un riche bonnet et chaussé de

---

1. Le plus souvent par huit ou quatre hommes. Quand le brancard est à quatre porteurs, l'appareil s'appelle *kiéu song hang*, et *kiéu bat công* quand il est à huit porteurs.

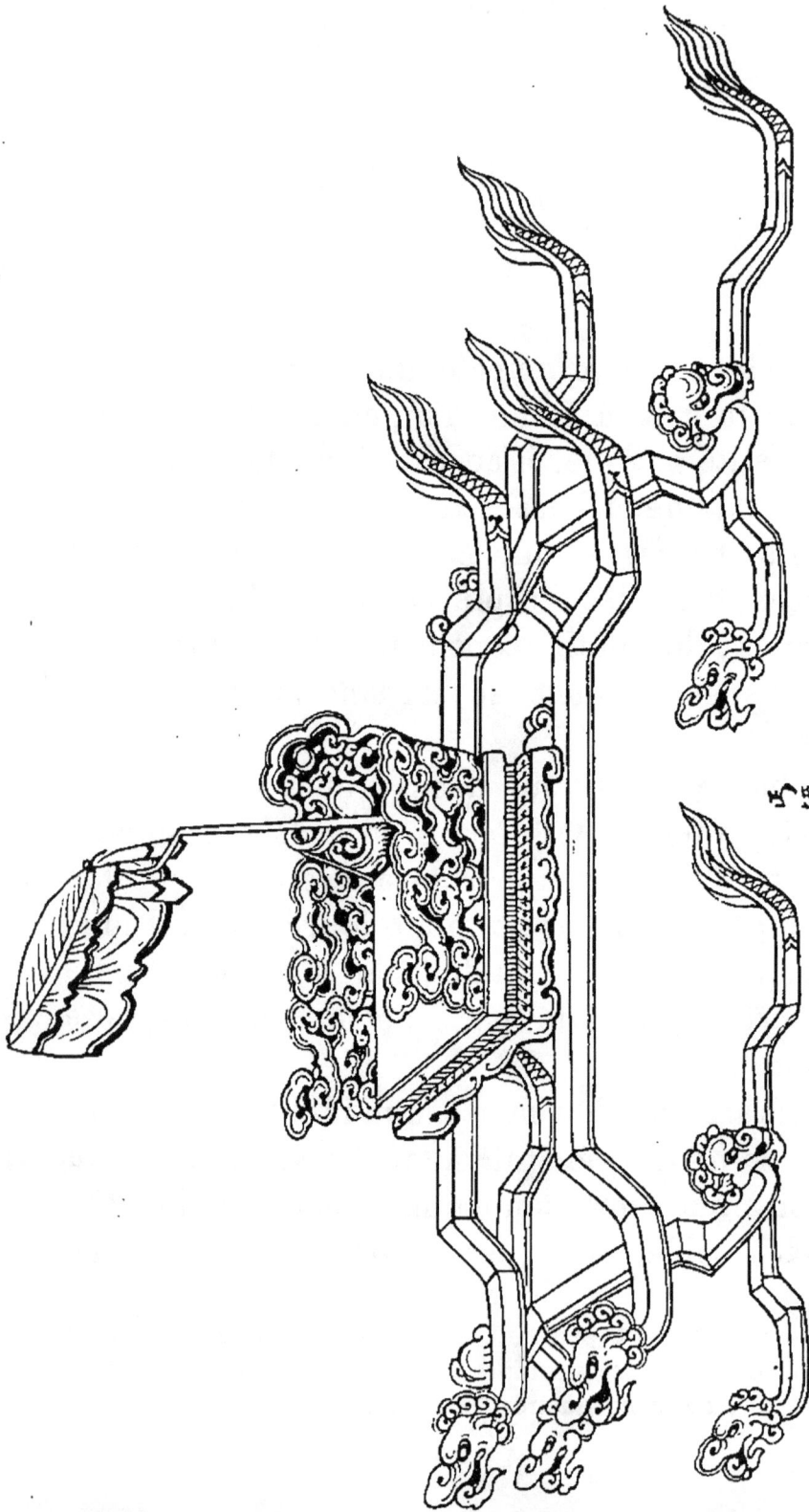

馬轎叅杭

Fig. 37. — Le char de l'Esprit.

bottes de cérémonies. Dans les processions, les femmes et les jeunes filles précèdent le char de l'esprit, parfois aussi, elles marchent groupées dessous, les hommes suivent par derrière.

Lorsqu'il s'agit de la fête d'un génie femelle, le char de l'esprit est porté par des femmes vêtues d'une tunique rouge et d'un turban vert. Les costumes, les accessoires, les comparses, etc., d'une procession, ne sont pas identiques pour toutes les cérémonies de ce genre : il y a de grandes différences selon le motif, le but, l'importance de la cérémonie, et surtout selon la générosité des organisateurs.

On remarque généralement des mouvements bizarres dans les processions du char de l'esprit, les porteurs se livrent à une gymnastique qui a pour objet de faire croire aux spectateurs que le chemin est obstrué par de mauvais esprits qui veulent entraver leur marche. Tantôt ils avancent brusquement, puis ils tournent sur eux-mêmes, et reculent pour revenir ensuite, tantôt ils fléchissent et paraissent prêts à tomber, comme écrasés par le poids qu'ils portent. On frappe sur de petits gongs pour mettre les mauvais esprits en fuite, et on brûle force baguettes d'encens.

CHEVAUX ET ÉLÉPHANTS

Ngu'a, Voi.

Dans les temples taoïques consacrés aux génies ou aux grands hommes divinisés (dên, miêu), on remarque presque toujours des figurations de chevaux ou d'éléphants.

Les chevaux, au nombre de deux, quelquefois de grandeur naturelle, sont en bois et fixés sur un petit cadre monté sur roulettes. Ils sont couverts de harnachements et d'ornements en papier peint et doré, ou en étoffe brodée selon la richesse du temple.

On les place, à l'intérieur de l'édifice, de chaque côté de la porte d'entrée, dans de petites écuries ménagées à cet effet. On les sort dans les processions et ils prennent place devant le char de l'esprit.

Les chevaux des pagodes ne sont, par eux-mêmes, l'objet d'aucun culte, et c'est un sentiment très vulgaire qui a présidé à leur introduction dans les pagodes taoïques ; les fidèles, sans cesse en instance auprès du génie afin d'obtenir, par son intercession, quelque grâce du Maître du ciel, veulent lui faciliter les longs voyages qu'il est obligé d'entreprendre à cet effet, en mettant à sa disposition un moyen de transport rapide et digne de lui.

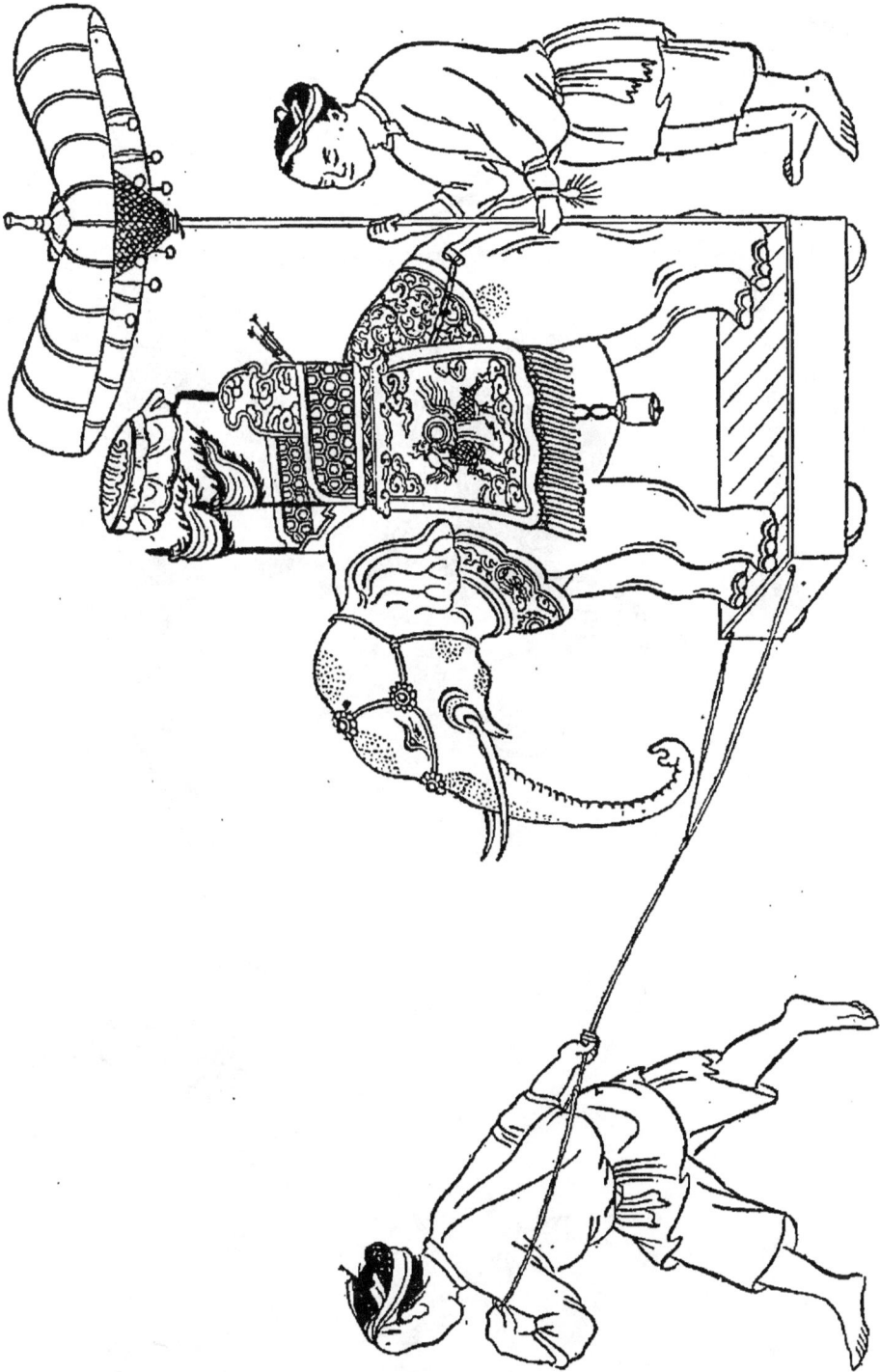

Fig. 38. — Éléphant de pagode.

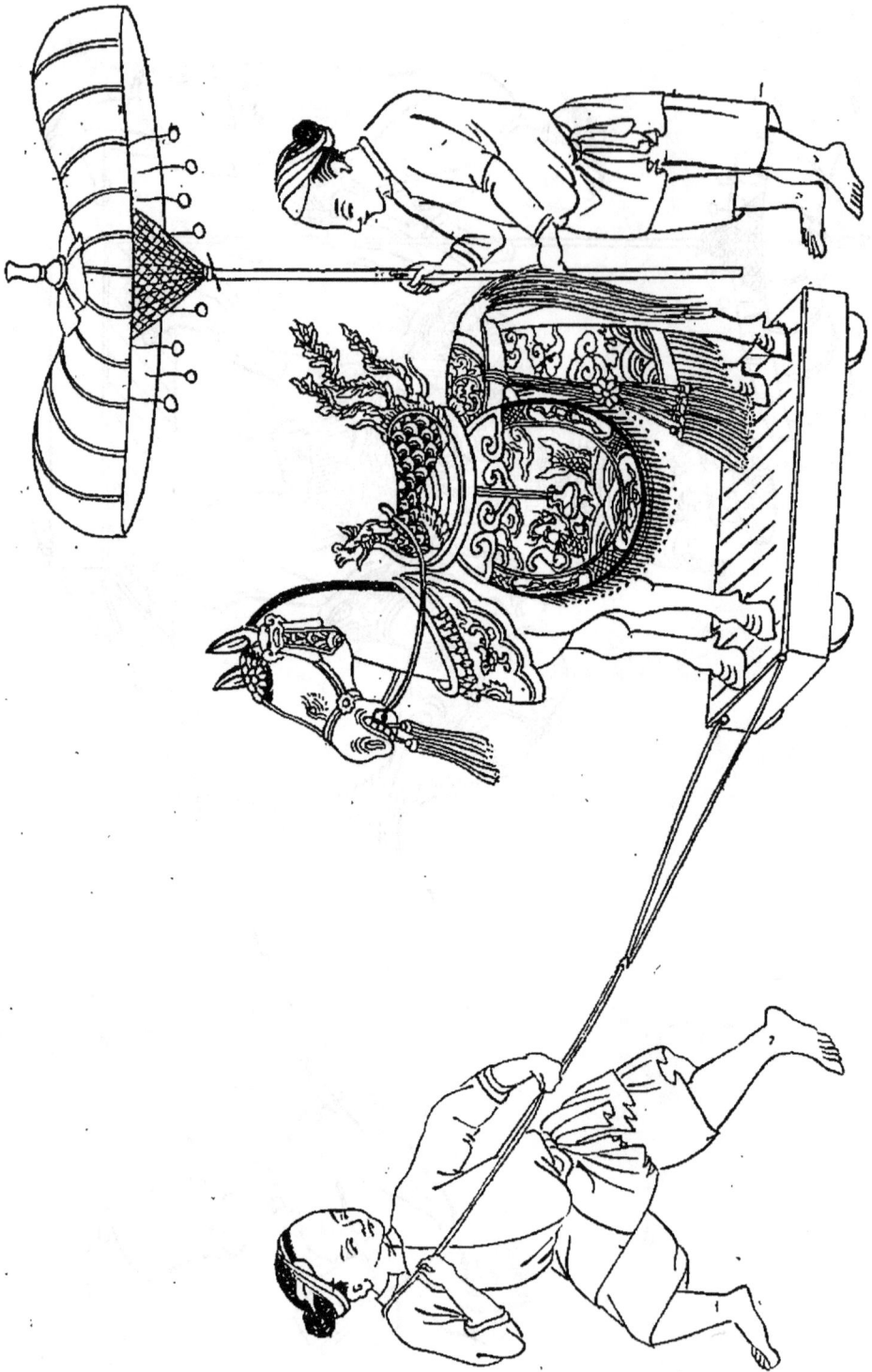

Fig. 39. — Cheval de pagode.

Dans le temple historique, élevé à Dinh Bang, au Phu de Tu' So'n, à la mémoire des rois de la dynastie de Ly, dont les tombeaux sont dans la forêt voisine, on remarque une grande écurie dans laquelle chaque souverain de cette dynastie possède un cheval de bois richement caparaçonné, tenu en laisse par un soldat de bois laqué, le tout de grandeur naturelle. Dans une autre partie sont les chars triomphaux des rois.

Les bouddhistes vénèrent le cheval blanc en mémoire de ce que les ambassadeurs chinois, envoyés dans l'Inde sous le règne de *Hiao Minh Ti*, rapportèrent sur un cheval blanc les premiers livres de la religion du Bouddha.

On fonda, à cette époque, en Chine, un nombre incalculable de monastères qui prirent le nom de *Monastères du Cheval Blanc*. Au IXe siècle de notre ère, alors que l'Annam était encore gouverné par des généraux chinois, l'empereur de Chine, épouvanté de la multiplicité des couvents dans son empire, en prescrivit le dénombrement, et on trouva, disent les Annales de la dynastie Tang, quatre mille six cent soixante temples et monastères autorisés par l'État, et quarante mille bâtis par les particuliers.

Le nombre des religieux et religieuses bouddhistes était de deux cent soixante mille cinq cents, et cent cinquante mille esclaves étaient affectés au service des bonzeries.

Il existe à Hanoï, un temple du *Cheval Blanc*

(Bach Ma), il se trouve dans la rue dite des Pavil-
lons-Noirs; c'est un des plus anciens temples de la
capitale. Il fut élevé par les Annamites à la mémoire du gouverneur chinois *Cao Bien*, qui laissa
dans le pays la réputation d'un habile et bienfaisant
administrateur.

Cao Bien fut surnommé le roi du *Cheval Blanc*
parce que, dit la légende, ce fut un cheval blanc,
surgissant miraculeusement du sein d'une rizière.
qui lui indiqua le tracé des retranchements exté-
rieurs de Hanoï qui existent encore aujourd'hui en
partie, sous leur nom primitif de *Daï La Thanh*.

Le temple du *Cheval Blanc* fut d'abord élevé au
village de *Long Do*; il fut ensuite transporté à l'endroit qu'il occupe aujourd'hui lorsque la dynastie
de Ly établit, sous le nom de *Thang Long*, l'an 1010
de notre ère, la capitale du royaume, sur l'emplacement du village de *Long Do,* qui se trouvait non
loin des retranchements de *Daï La,* l'antique op-
pidum des gouverneurs chinois.

L'éléphant, qui est au Tonkin l'emblème du pouvoir suprême, est surtout représenté, soit en bas-
relief soit en ronde bosse, à l'extérieur des temples
dédiés à des rois ou à des saints de famille royale,
mais toujours de chaque côté et en dehors du por-
tique principal d'accès.

Les éléphants des pagodes sont le plus souvent
en maçonnerie ou en pierre; certains temples possèdent des éléphants de bois montés sur roulettes,
qui, avec les chevaux dont nous avons parlé, figu-

rent dans les processions, tirés par une corde et accompagnés d'un porteur de parasol.

Non loin de la route mandarine, dans les jardins des faubourgs de Hanoï, se trouve la pagode dite des *Deux Dames* (chua hai Bà), élevée à la mémoire des deux Jeanne d'Arc tonkinoises qui, les armes à la main et à la tête des partisans, chassèrent au 1er siècle de notre ère, les Chinois du Tonkin.

Ces deux héroïnes, qui étaient sœurs, trouvèrent la mort dans une sanglante bataille, livrée sur le territoire de Sontay auprès du Day (Song Hat), et dont le résultat fut de remettre le pays sous le joug chinois ; elles combattaient à dos d'éléphant, c'est pourquoi l'on a placé, dans leur temple de Hanoï, deux éléphants pourvus de défenses naturelles que la tradition donne comme étant les véritables défenses des éléphants des deux sœurs, recueillies après la bataille et conservées par un pieux sentiment de patriotisme.

Des chevaux et des éléphants en papier sont aussi envoyés, par incinération, dans le royaume des esprits, avec des vêtements, des chapeaux, des chaussures, des bateaux, des ustensiles domestiques, des barres d'or et d'argent, toujours en papier, et tous autres objets qu'on suppose devoir être agréables ou utiles à l'esprit, au génie, ou au diable dont on veut s'attirer les faveurs ou conjurer les mauvais offices.

LE TEMPLE DU DRAGON

Long dinh

C'est un autel portatif, surmonté d'un petit toit de pavillon chinois quelquefois garni de clochettes; il sert à transporter à la pagode les offrandes des fidèles et à contenir les ex-voto dans les processions ; on le porte à l'épaule.

Lorsqu'un pieux personnage veut rendre hommage à un génie ou solliciter ses faveurs, il place sur un *long dinh*, un brûle-parfums, deux flambeaux, un vase avec des baguettes d'encens allumées, des offrandes de fruits, de papiers votifs et un petit coffret contenant sa supplique ou son action de grâce écrite sur papier rouge. Deux ou quatre hommes portent l'autel, ils sont précédés d'un porteur de gong qui frappe son instrument tous les dix pas, et le dévot vient par derrière, revêtu de ses habits de cérémonie, le plus souvent une robe de grenadine de soie bleue à grands ramages, le bonnet de lettré et les bottes de velours ou de papier laqué à grosses semelles blanches retroussées.

Le *long dinh*, comme le *kiéu*, précédemment décrit, fait aussi l'office de tabernacle pour renfermer, dans l'arrière-sanctuaire des temples, les statues

8

précieuses de personnages historiques, comme la statue de *Ly Thanh Tôn* dans la pagode de *Lanh*,

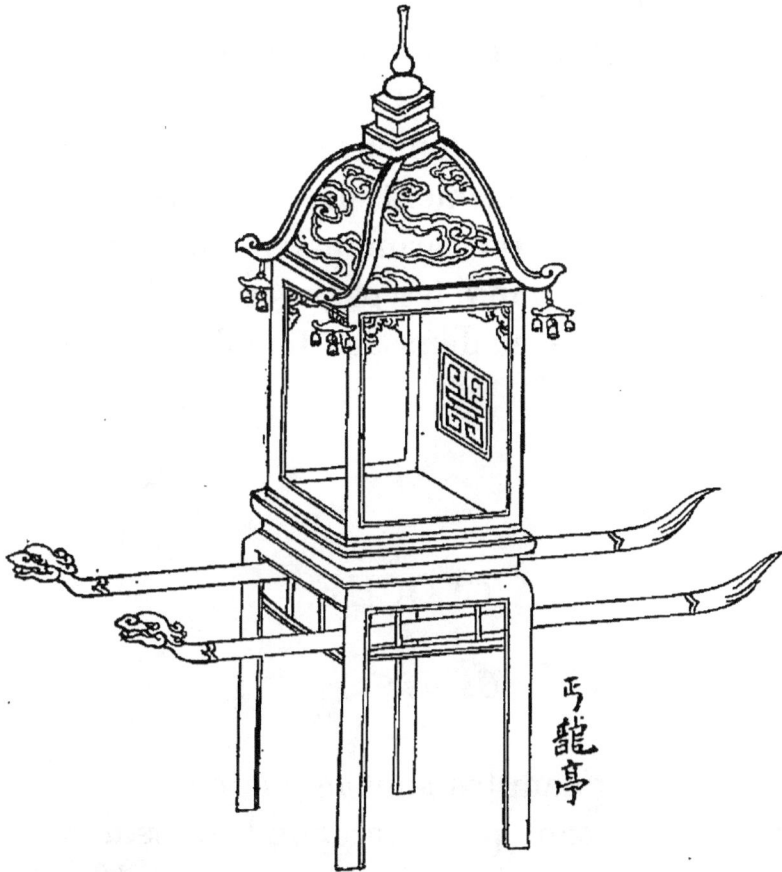

Fig. 40. — Le temple du Dragon. — *Long Dinh*.

près du pont de Papier (Hanoï) et celle de *Dinh Thiên Hoang*, dans la pagode de *Tru'o'ng Yen*, près la rivière de *Phu Nho Quan*. Ces tabernacles sont alors d'une richesse extrême de sculpture, de laques et de dorures; ils reposent sur un cube de maçonnerie parfois assez élevé, et les statues qu'ils renferment sont soigneusement soustraites aux regards par une double ou triple enveloppe de soie jaune ou rouge.

Il est des *temples du Dragon* pourvus de portes et complètement fermés ; ils ne sont pas portatifs et doivent alors rester à demeure dans les pagodes. Ils renferment généralement des tablettes honorifiques. On les trouve principalement dans les temples taoïques, dans les pagodes dédiées aux génies des villages et dans les temples à Confucius.

LA CLOCHE

Chuông

Les cloches annamites sont moins évasées que les nôtres ; elles sont presque cylindriques depuis leur sommet arrondi jusqu'à la base qui s'écarte un peu. On les suspend généralement au premier étage des portiques des pagodes, par un anneau de bronze formé de deux dragons entrelacés.

Le modèle des cloches est unique ; il y en a de toutes les grandeurs, depuis la clochette grosse comme le poing jusqu'aux cloches de deux et trois mètres de hauteur. Elles n'ont point de battant, on les frappe au moyen d'un marteau de bois sur de petits mamelons disposés extérieurement à la partie inférieure.

大鐘

大南國ㅅ省府
ㅅ縣ㅅ總社村
古跡寺鍾

文ㅅ供燒于吴
文ㅅ供燒于吴
文ㅅ供燒于吴

鍾

Fig. 41. — La Cloche. — *Chuông*.

Les cloches des pagodes portent des inscriptions : on y lit le poids de la cloche, le nom de la pagode à laquelle elle appartient, les circonstances et la date de la donation et les noms des donateurs.

Le moule des cloches est fait en terre mélangée de balle de paddy. On établit d'abord le moule intérieur en revêtant d'une forte épaisseur de ce mortier une cage cylindrique en vannerie de bambou ; cette partie doit figurer exactement l'intérieur de la cloche. Lorsque cette *âme* est bien sèche, on la recouvre d'une couche d'argile fine du fleuve Rouge, mélangée de terre glaise et de cendres de balle de paddy, le tout bien trituré et intimement mélangé ; quelquefois on y joint un peu de papier annamite. On donne à cette couche l'épaisseur que doit avoir la cloche et on y trace en relief les dessins et les caractères que l'on veut obtenir. Quand cette maquette est bien sèche, elle a la consistance du cuir ; on l'entoure de terre pour former le moule extérieur.

Ce moule est généralement en deux parties ; quand tout est terminé, on laisse sécher pendant plusieurs jours, après quoi on enlève la maquette intérieure et on chauffe fortement les pièces du moule afin de les cuire un peu avant d'y couler le métal, opération pratiquée de la façon la plus rudimentaire mais qui réussit presque toujours.

Le métal des cloches est composé de sept parties de cuivre jaune et de trois parties d'étain. On a coutume d'ajouter une petite partie d'or pour la sonorité. Une des plus grandes cloches que nous ayons observées au Tonkin est celle de la pagode de Sinh-Tu, près la porte de Son-Tây à Hanoï, elle mesure deux mètres de hauteur.

Dans la pagode de *Hoàng ân*, située au village de Quang Ba, près du grand lac de Hanoï, se trouve une cloche remarquable, garnie tout autour de statuettes de bouddhas, fondues d'un seul jet avec le corps même de la cloche. Cette pagode a été fondée par la fille du roi *Lê Thân Tông*, l'an 1628 de notre ère.

Il existait autrefois des cloches en fer, ou tout au moins en un métal ayant toute l'apparence du fer; on peut encore en voir une dans quelques vieilles bonzeries où elles servent à l'incinération des offrandes.

LE TYMPAN DE PIERRE

KHANH DA

Ces tympans (fig. 42) sont des objets très remarquables, chaque pagode importante en possède un. Ils sont formés d'une table de pierre calcaire d'un grain très serré, de la forme d'un croissant ornementé pourvu à sa partie concave d'une tête dans laquelle est ménagé un trou de suspension.

Ces tympans sont assez sonores; on les frappe au moyen d'un marteau de bois sur un renflement ménagé à la partie centrale.

Le *khanh* de pierre est d'origine chinoise mais sa forme a complètement changé; les dessins qu'on en trouve dans les vieux livres chinois ressemblent aux équerres de nos charpentiers. C'est un des plus anciens instruments du monde. On en suspendait plusieurs de densité différente dans un cadre de bois et on les frappait avec un petit marteau à la façon d'un harmonica.

« Quand je fais résonner les pierres sonores qui composent mon *khanh*, disait l'empereur Tuân (2225 av. J.-C.), les animaux viennent se ranger autour de moi et tressaillent d'aise. »

L'emploi de la pierre sonore comme instrument d'appel a certainement dû précéder la découverte du métal; il n'est pas étrange qu'il lui ait survécu au milieu du peuple du monde le plus conservateur, qui s'habille aujourd'hui comme il s'habillait il y a quarante siècles, et dont les institutions et le code n'ont pas varié depuis l'ère chrétienne.

Certaines pagodes possèdent des *khanh* de bronze.

Les *khanh*, comme les cloches, sont des objets offerts aux temples par des personnes pieuses; une inscription gravée dans le métal précise les circonstances de la donation, quelquefois le poids et le coût de la matière employée, et donne les noms des donateurs.

Nous traduisons ci-après, comme spécimen, l'inscription du grand *khanh* de bronze de la pagode dite du Grand Bouddha de Hanoï.

La pagode de Tran Vu possédait déjà une cloche et

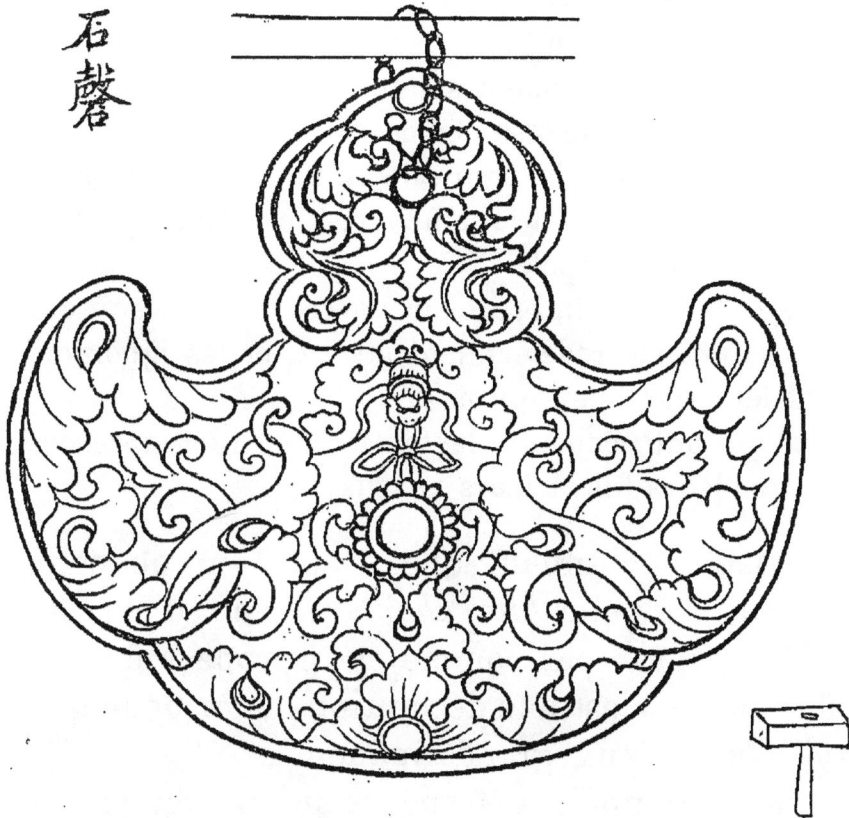

石磬

Fig. 42. — Le Tympan de pierre. — *Khanh da.*

un tambour, mais elle n'avait pas de khanh. Un habitant du village de Dong-du, huyên de Gia Lâm, phu de Thuân-Thàn, de la province de Bac-Ninh, appelé Nguyen-huy-Binh, entreprit de réunir, au moyen d'une collecte, l'argent nécessaire à la fonte d'un khanh qui fut suspendu dans cette pagode.

Ceux qui ont coopéré de leurs deniers, à cette bonne
œuvre, sont les nommés :

> Lê-van-ngu ; tông-doc ;
> Do-xuân-Can ;
> Trân-xe-huyen ;
> Lê-van-Pha ;
> Nguyen-van-Ngon ;
> Le-tu-hiêu.

Tous ces pieux donateurs ont rédigé et fait graver
sur le khanh cette adresse dédicatoire.

Le khanh rappelle la figure de la lune et de la montagne; avec la cloche et le tambour, il complète la série
des instruments d'appel.

En écoutant le timbre clair de ce khanh, ceux qui
ont le cœur triste redeviennent joyeux, et les ignorants
sentent leur intelligence s'ouvrir.

Ceux qui ont coopéré à la fonte de ce khanh seront
bénis dans leurs fils et leurs neveux.

Il existe en Annam une décoration de cette
forme, on l'appelle *kim khanh* (khanh d'or). Le
kim khanh n'est pas comme en Europe un ordre
de chevalerie, c'est une décoration honorifique que
le roi confère aux grands mandarins et aux officiers et fonctionnaires étrangers qui ont rendu des
services à l'Annam et qu'il veut honorer.

Une lettre d'envoi, écrite sur papier jaune impérial et portant la signature et le cachet du roi ou du
vice-roi, ou bien encore du gouverneur chargé de
la remettre au nom du roi, accompagne la décoration.

La plaque d'or est de dimension variable, selon

la qualité et l'importance du titulaire; il en est qui
n'ont pas plus d'un centimètre de largeur; au bord
inférieur est attaché un triple gland de soie rouge,
vert et jaune. Le *khanh* d'or se porte au cou, sus-

Fig. 43. — La décoration du Khanh d'or (*Kim khanh*).

pendu par un cordon de soie rouge. Celui qui est
figuré par la planche et qui appartient à l'auteur de
ce livre présente sur chacune des faces une inscription horizontale en caractères chinois entourés
d'ornements; sur l'une on lit : *Récompense au mé-*

rite, honneur à l'homme de bien ; sur l'autre : *Donné par S. M. Dông Khanh.*

La devise n'est pas la même pour toutes les décorations, elle varie selon le format.

LE TAMTAM DE BOIS

Mo

C'est un instrument de bois évidé, de la forme d'un grelot, il en est depuis la grosseur d'une pomme jusqu'à celle d'une citrouille, il sert aux bonzes pour scander les vers de leurs prières (fig. 44).

On frappe dessus au moyen d'un petit bâton de bois dur, et cela produit un son mat qui s'entend de très loin.

Les magiciens se servent aussi du *mo* dans leurs évocations pour réunir les démons.

Le *mo* est, comme le *khanh*, d'importation chinoise, il est figuré dans le *Lê-Ki* sous la forme d'une cloche ; les anciens Chinois s'en servaient pour rassembler le peuple ; les crieurs publics chargés d'annoncer les nouvelles, de proclamer les édits royaux, parcouraient les campagnes en frappant sur le *mo*.

Au Tonkin, dans les *nha dinh* ou mairies, mai-

sons communes des villages, il y a deux instruments d'appel, une grosse caisse pour convoquer les
mandarins, et un *mo* pour rassembler les habitants,
ce *mo* est beaucoup plus allongé que celui des
pagodes; il a quelquefois la forme d'un poisson
(fig. 45) et reste suspendu à une poutre. On le
frappe surtout pour convier les gens à venir payer
l'impôt.

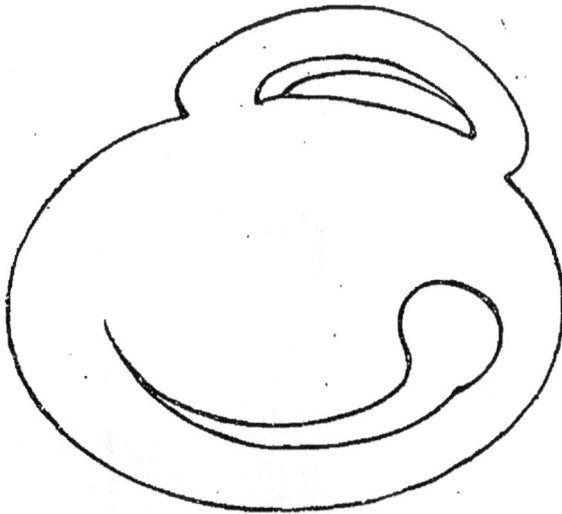

Fig. 44. — Le Mo, grelot de bois des pagodes.

Dans les postes de garde qui sont entretenus
par les habitants autour des villages et près des
maisons des mandarins, on frappe d'une certaine
façon sur un *mo* pour marquer les heures de nuit,
et aussi de temps en temps pour avertir que l'on
veille.

Le son du *mo*, pendant la nuit, et surtout la bat-
terie à mouvement graduellement précipité et dé-
croissant d'intensité, paraît étrange à l'Européen, et

remplit l'âme d'une vague inquiétude ; il fait partie de la série des bruits vraiment tonkinois; jamais les

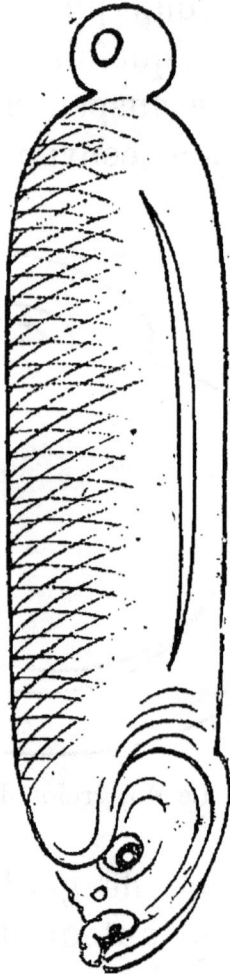

Fig. 45.—Mo en forme de poisson, tamtam de bois des *Nhà dinh.*

Annamites ne l'oublient dans leurs poésies quand ils ont à chanter les charmes d'un paysage.

Il est nuit, nuit profonde,
L'étoile du nord brille au ciel,

La brume couvre le fond des rizières ;
Les bosquets de bambous s'agitent,
Ils sont remplis du cri des cigales ;
Les veilleurs de nuit frappent sur le *mo*
Les bonzes font résonner les cloches des pagodes,
On entend les paysans se réjouir,
On chante dans toutes les chaumières
        C'est la paix.

(*Les chants et les traditions populaires des Annamites,
op. cit.*)

LES STÈLES

BIA

De chaque côté des pagodes se trouvent sur le bord du chemin deux petites tables de pierre (fig. 47) au sommet arrondi, placées verticalement et sur lesquelles sont gravés en creux deux gros caractères chinois *HA MA, descendez de cheval*; c'est une invitation aux voyageurs de ne passer devant le temple qu'à pied par déférence pour la sainteté du lieu.

Les Annamites érigent également de petites stèles sur les tertres des sépultures, du côté de la tête du cadavre ; elles sont plus étroites que les premières ; quelques-unes sont brutes et informes, une seule face ayant été préparée pour recevoir l'inscription, qui énonce seulement le nom du défunt et son titre universitaire ; il n'est fait aucune mention de l'âge, de la profession et de la date du décès. Elle porte presque toujours une phrase dédicatoire : *A mon père, à mon oncle*, etc... A moins de dispositions spéciales de la part de familles riches qui désirent perpétuer la sépulture de leurs ancêtres, les tombes ne sont conservées et soignées que jusqu'à la cinquième génération, la loi ne considérant plus comme parents les descendants au cinquième degré d'un même individu et les autorisant à contracter mariage entre eux. La postérité est ainsi épuisée et ce sont de nouvelles familles qui naissent. On appelle les stèles funéraires *bia mô chi*.

Les stèles commémoratives d'érection ou de restauration de pagodes, de ponts, et celles qui ont pour objet de perpétuer un fait historique ou religieux ou le souvenir de donations pieuses, sont parfois de véritables monuments.

Lorsqu'elles ont été particulièrement soignées comme sculpture, ou qu'elles relatent un événement important, ou qu'elles portent gravés des noms propres qu'on veut soustraire aux injures du temps, on les abrite généralement sous de petits édifices ; témoin la stèle du temple dynastique des rois Lê (Nam Giao) qui est une des plus belles du Tonkin, et qui se dresse seule aujourd'hui, au milieu des rizières de la route de Hué, près des anciens murs de Hanoï, le *Nam Giao* ayant disparu depuis soixante ans.

La forme des stèles est toujours rectangulaire, le

plus souvent le sommet est arrondi; sur le fronton sculpté sont représentés des symboles qui se continuent quelquefois tout autour de la pierre. Nous

Fig. 46. — Stèle commémorative.

n'avons rencontré qu'une seule fois la représentation de la figure humaine sur une stèle de ce genre, c'est dans la pagode dite *chua Lanh*, près de Hoai-du'c; deux personnages féminins d'un dessin absolument barbare sont assis sur des dragons parfaitement dessinés et gravés ; cette stèle est en marbre et date du règne de Ly-Thanh-Tông[1].

Le nom du monument que consacre la stèle est gravé en relief, en tête du texte de la composition qui est gravé en creux. Chaque caractère du titre se trouve isolé dans un cartouche entouré d'ornements.

Ces stèles sont, ou bien scellées dans les murs des pagodes, ou bien dressées sur un piédestal monolithe parfois entièrement et très délicatement sculpté.

Très souvent aussi elles sont supportées par une gigantesque tortue de pierre, sans doute afin de donner à entendre que la renommée du monument ou la célébrité du personnage que l'on veut honorer durera dix mille ans, comme la vie de la tortue.

Il existe, à Hanoï, dans le temple de Confucius, que les Européens appellent *pagode des Corbeaux*, quatre-vingt-deux stèles ainsi érigées sur des tortues. Symétriquement rangées autour d'un très grand bassin rectangulaire, elles consacrent le souvenir des examens littéraires qui ont eu lieu en

1. Troisième roi de la dynastie Ly, régna dix-neuf ans, de 1054 à 1072. Ce fut lui qui érigea, à Hanoï, la fameuse tour dite de Bao-Thien, qui passait pour la merveille de l'Annam. L'emplacement de cette tour, dont il existe encore quelques pierres très sculptées engagées dans les racines d'un banian, se trouve situé dans la rue de la Mission, entre la cathédrale et la maison du Tong-Doc.

cet endroit, sous la haute présidence des rois, de 1476 à 1784, et donnent les noms des lauréats.

On rencontre des stèles portant des traces des actes de vandalisme qui accompagnent souvent les périodes de trouble et les changements dynastiques.

Certaines inscriptions lapidaires se rapportant à

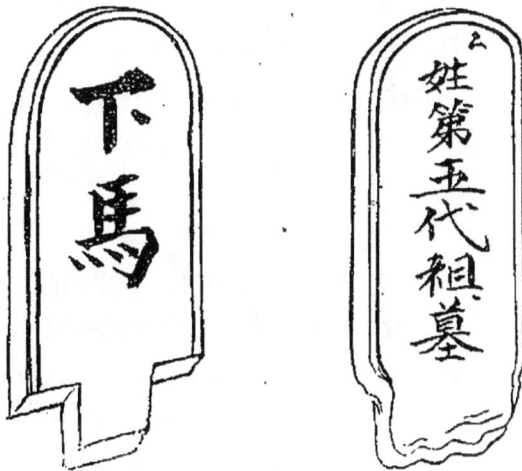

Fig. 47. — 1° Stèle Ha Ma (*descendez de cheval*);
2° Stèle funéraire.

des personnages politiques ou à des faits historiques ont été effacées au ciseau, témoin l'inscription de la stèle de la pagode du *Grand Bouddha* de Hanoï, qui célébrait les louanges de la famille *Trinh*, qui fournit tant de vice-rois à Hanoï; aussi, pour les soustraire à la mutilation, paraît-il être d'usage de cacher, dans certains cas, les stèles qui consacrent la mémoire d'un homme politique.

La stèle dédicatoire d'une des pagodes de Dinh-Bang, élevée en l'honneur d'un empereur de la dynastie Ly, près la forêt sacrée qui contient les sépultures des rois de cette dynastie, était renfermée dans un réduit complètement muré et maçonné ; elle n'est découverte que depuis quelques années.

Pour donner une idée de la rédaction de ces inscriptions lapidaires, nous traduisons ci-après la stèle commémorative de la reconstruction, en 1719, du pont du Sông To Lich, près Hanoï, connu sous le nom de *pont de Papier*. C'est en amont et en aval de ce pont que furent tués, à moins de deux kilomètres l'un de l'autre, Francis Garnier et Henri Rivière.

« Ce pont fut construit pour permettre aux gens des deux rives de circuler plus librement, il rendit de très grands services aux populations, aussi furent-elles reconnaissantes à ceux qui firent ce travail. Mais après des siècles, le pont menaçant ruine il fallut de nouveau faire appel aux gens généreux pour le réparer.

« Le pont du To-Lich confine, à l'est, à la Ville Royale[1], au sud, il regarde le mont Tan Vien[2], au nord, il est voisin du Song Nhi Ha[3]. L'eau coule dessous et passe près des temples qui l'entourent.

« Aujourd'hui, le travail est terminé et les gens circulent aussi facilement qu'auparavant ; le pont, ainsi réparé, sera une source de profits et de bonheur pour

1. Thang Long, l'ancien Hanoï.
2. Le mont Bavi.
3. Le fleuve Rouge.

toute la contrée, c'est pourquoi nous avons érigé ce monument pour perpétuer le souvenir de ce fait mémorable.

« Cette stèle a été érigée pendant l'hiver de la 43ᵉ année du règne du roi Vinh Tri[1].

« Celui qui a composé l'inscription est Nguyen Dinh, préfet de Phu Quôc Hoai.

« Celui qui l'a gravée s'appelle Do Van An, il est né au village de Yen Khê, du huyen de Thu'o'ng', Phuc. »

Dans l'Inde, les actes portant donation de terres aux pagodes étaient autrefois gravés sur des tables de cuivre ou d'autre métal.

LES VASES DU CULTE

La fabrication et la vente des vases du culte constituent à Hanoï un commerce assez considérable et occupent un grand nombre d'artisans et de commerçants. Un gros village renfermé dans une île du lac de Hanoï, près de la pagode du Grand Bouddha, est entièrement peuplé de fondeurs. Tout un quartier de la ville est affecté à la vente des cuivres ouvragés.

Chaque autel doit être meublé de la garniture traditionnelle, que l'on appelle les *cinq objets* (dô ngu su').

---

1. 1719.

Les *cinq objets* comprennent : 1° un brûle-parfums; 2° deux pieds de lampe; 3° une paire de
chandeliers; 4° deux vases à baguettes d'encens;
5° trois boîtes cylindriques, montées sur un pied,
et servant à contenir les coupes de liquide offertes
aux génies.

La forme des vases varie peu; on compte à peu

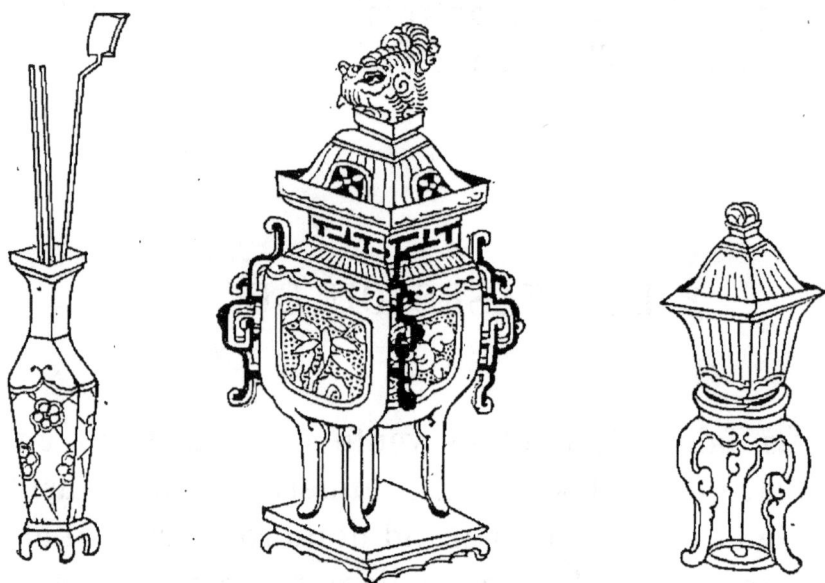

Fig. 48. — Garniture d'autel, en cuivre : brûle-parfums carré,
vase à bâtonnets, vase à encens.

près une dizaine de modèles différents, mais il en
est trois surtout que l'on rencontre dans toutes les
pagodes et qui sont absolument conformes au
rituel.

Le brûle-parfums carré (fig. 48), *bing hu'o'ng,*
vuong, est à quatre pieds, le couvercle est surmonté
d'un lion, deux vases accessoires l'accompagnent; le

premier, *ông thia*, carré et allongé, sert à metre les
bâtonnets de cuivre (dôi du'a dông) et la petite
palette, avec lesquels on prend l'encens et on attise
le feu dans le brûle-parfums ; le second vase est
surmonté d'un couvercle parfois très ouvragé, il
contient l'encens on l'appelle *hop hu'o'ng*.

Le brûle-parfums rond (fig. 49) est à trois pieds,
il n'a pas de couvercle, on l'appelle *lu hu'o'ng* ; il
est généralement rempli de sable dans lequel on
plante les baguettes d'encens.

Dans les pagodes chinoises, ces brûle-parfums
atteignent de grandes dimensions, témoin celui
du temple de la congrégation des Cantonnais, à
Hanoï. Ils sont dans ce cas pourvus de chaque côté
de deux montants de cuivre qui supportent un
anneau transversal. Cet anneau, d'environ dix cen-
timètres de diamètre, est destiné à tenir le morceau
de bois d'aigle que l'on fait brûler dans les grandes
solennités.

Ce vase à trois pieds est symbolique ; il per-
sonnifiait, en Chine, l'empire partagé en trois
royaumes (tam quôc).

On dit, en composition chinoise, lorsqu'il s'agit
d'une transmission de couronne : « Il céda le vase
à trois pieds. »

Sous le roi Cao Tôn, de la dynastie Du'o'ng, le
Do-Ho-phu d'*Annam* avait trois capitales qu'on
appelait les *trois pieds du vase*. La première était
la ville militaire de Giao-châu, située à *Long Biên*,
faubourgs de Hanoï ; la seconde était la ville admi-

nistrative de *Khué Lam*, qui fait aujourd'hui partie
de la province chinoise du Quang-Si; et la troisième, où siégeait le roi, était *Phiên Ngung*, qui est
aujourd'hui la ville de Canton. Ces trois villes for-
ment en effet les trois sommets d'un triangle.

Fig. 49. — Garniture d'autel en cuivre : 1° brûle-parfums rond
et deux chandeliers; 2° Lu hu'on'g, vase à baguettes d'encens.

On retrouve au Tonkin les traces de cette
antique allégorie dans les croyances populaires
des Mu'o'ng, qui ont gardé les mœurs et la forme
du gouvernement aristocratique; on dit, dans la
rivière Noire que Dinh-To, le chef des Mu'o'ng-Bi,

possède encore le vase dynastique de sa famille et
qu'il est si grand qu'on y pourrait faire cuire trois
buffles à la fois.

Le *dinh tron* (fig. 49) est aussi un brûle-parfums
à trois pieds, mais rond et muni d'un couvercle
généralement surmonté d'un lion; il a comme
accessoires deux chandeliers de cuivre, *nên dông*.

Il est une garniture d'autel de rigueur pour les
pagodes consacrées aux génies; elle est composée
d'un brûle-parfums carré sans couvercle, de deux
vases accessoires et de deux chandeliers; le tout
est en étain et s'appelle pour ce motif *ngu su' bàng
thiêc* (fig. 50). Quelques temples fort pauvres ne
peuvent avoir ces objets qu'en bois; mais, dans ce
cas même, la forme est rigoureusement observée
et les vases sont recouverts d'une sorte d'étamage
de papier et de laque.

On voit aussi des vases en forme de pêche, d'a-
mande ou de grenade; nous avons donné la raison
de ces symboles à l'article *Phuc* et *Tho* (bonheur
et longévité). Quelques objets, épars çà et là, et qui
se font chaque jour plus rares, donnent à penser
qu'il y a eu, à une certaine époque, une sorte
d'épanouissement de l'art des cuivres en Annam;
on constate, dans ces pièces, une originalité et une
pureté de dessin que l'on ne retrouve plus dans
les objets modernes.

Les cuivres chinois sont, au milieu de tout cela,
très reconnaissables pour un œil tant soit peu
exercé; il en est de très anciens qui sont recouverts

d'une jolie patine, ce sont des dons faits jadis par
de riches Chinois à des pagodes aujourd'hui dis-
parues, et dont le mobilier est devenu d'une façon
ou d'une autre la propriété des paysans. Ces objets
viennent échouer sur les marchés de Hanoï. Quelques-uns ont été grossièrement surmoulés par les
Annamites.

Aujourd'hui, les fondeurs fabriquent les trois

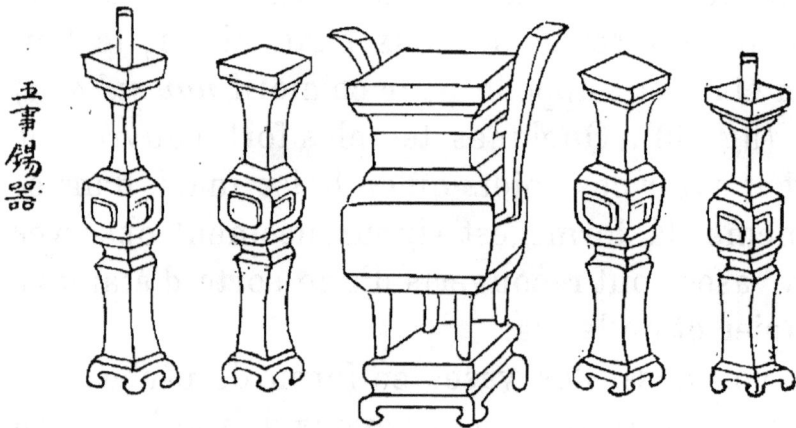

Fig. 50. — Garniture d'autel en étain.

ou quatre modèles courants que nous venons de
décrire et, parmi les modèles de fantaisie, ceux
qui sont le plus demandés par les amateurs européens. Il y a très peu d'objets soignés, ou bien
l'ouvrier laisse les bavochures de la fonte, ou bien
il compromet le dessin et les reliefs par des frotte-
ments barbares ; la lime et le burin sont inconnus ;
on ne ciselle pas les cuivres ouvragés, on les ponce
à la pierre, et pour les polir, on les frotte avec un
mélange de sable mouillé et de balle de paddy.

Les Annamites, mis en appétit par les dollars dont certains Européens peu connaisseurs couvrent volontiers des pièces de rebut, fabriquent des *cuivres anciens*, et quand on pénètre dans les arrière-réduits des marchands et des fondeurs, on découvre des séries d'objets volontairement ébréchés, macérant dans des liquides nauséabonds, et s'efforçant ainsi d'acquérir une patine suffisante pour être payés quinze fois leur prix par l'amateur.

LES HUIT GÉNIES

Bat Tien

Ce sont huit personnages taoïques ; les Annamites les représentent fort souvent et les font intervenir pour une large part, avec les *quatre animaux symboliques*, les *cinq bonheurs*, etc., dans toutes les manifestations de leur art ornemental. Ces personnages ont des attitudes fort différentes les unes des autres : on remarque à leur tête *Lao quản* (*Lao tse*), le fondateur de la secte taoïque, il est assis sur un buffle. Les *huit génies* sont : 1° *La dong tân*, debout sur un poisson ; 2° *Ly thiêt quải*, debout sur une feuille et s'appuyant sur un bâton ; 3° *Chung li quyên*, debout sur un crabe ; 4° *Tao quôc cu'u*, debout sur une branche d'arbre ; 5° *Tru'o'ng qua lao*, à cheval; 6° *Lam thái hoa*, debout sur une grenouille à trois pattes (thiên thu'); 7° *Han tu'o'ng tu'*, debout sur une crevette et jouant de la flûte; 8° *Ha tien có*, génie féminin, debout sur une feuille de lotus et tenant d'une main une pêche et de l'autre un panier de fleurs.

Tous ces génies sont groupés par les incrusteurs sur des panneaux de la façon la plus heureuse, et il n'est, pour ainsi dire, pas de meuble où ils ne figurent; parfois, ils sont encore présidés par une vieille femme assise sur une cigogne, et que l'on appelle *Tay Hoang Mau*, la « souveraine d'Occident ». Cette dernière femme gouverne, d'après les taoïstes annamites, la partie occidentale du monde; elle fut chargée, à l'origine des mondes, de créer les êtres femelles, comme *Dông Vu'o'ng Công* fut chargé de la création des êtres mâles. Dans son palais se trouve un pavillon auquel on accède par neuf degrés de jade, et dans lequel vivent neuf jeunes filles célestes qui sont : *Hoa, Lâm, Mi, Lau, Thang, Nga, Dao, Co', Ngoc chi.*

L'ÉTAGÈRE

Ngoc Ki

Chez les riches Annamites et chez les fonctionnaires, on rencontre souvent une petite étagère en

forme de grecque; ce meuble est d'origine chinoise; il doit toujours être garni des cinq objets
suivants dans l'ordre indiqué sur la gravure (fig. 51):

Une ampoulette de cuivre ou de porcelaine
blanche à dessins bleus, servant à contenir l'eau-
de-vie de riz (ban ru'o'u);

Un vase à col allongé (lo hoa) pour mettre des
fleurs;

Un brûle-parfums sans pieds ou à trois pieds
(lu hu'o'ng);

Fig. 51. — Étagère. — *Ngoc ki.*

Un tube à pinceaux (ong but);

Le plateau aux cinq fruits (diangu qua), sur lequel
on devrait placer les cinq fruits symboliques qui
sont: la pêche, le raisin, l'abricot, la châtaigne et le
jujube, mais que l'on se contente, vu l'excessive
rareté de ces fruits au Tonkin, de garnir de fruits
odorants, comme des oranges, ou bien encore de
ces citrons digités que l'on appelle *mains de
Bouddha.*

La présence de cette étagère dans la maison
comporte une idée religieuse: ce meuble est un

autel à offrandes, sur lequel figurent les produits de la terre, liqueur, fleurs et fruits ; les produits de la pensée humaine, philosophie et littérature, représentés par le pinceau, et le brûle-parfums, dont la fumée montant vers le ciel, symbolise la prière.

LE LION

Con su' to'

Le lion, au Tonkin, est à peu près exclusivement représenté sur le couvercle des brûle-parfums et sur le sommet des pylônes des pagodes. C'est le lion ornemental chinois qui a servi de modèle ; quelques types du *singha* khmer ont bien pénétré au Tonkin, nous en avons recueilli plusieurs, mais ils ne paraissent pas avoir influencé le modèle chinois.

Le lion est toujours placé dans l'attitude d'un animal qui joue, le corps ployé, la tête tournée sur le côté, la patte sur une boule. Il porte souvent un grelot suspendu à un collier.

Nous n'avons pas trouvé dans les légendes ou dans les traditions populaires la moindre trace de cet animal qui nous paraît n'avoir joué aucun rôle dans la mythologie annamite.

Les livres chinois parlent souvent du lion ; le

Ban thao (peun ts'ao) dit qu'il est le roi des animaux, c'est pourquoi on l'appelle *Su'*, maître.

Sous les dynasties des Han et des Thang, les royaumes voisins offrirent à plusieurs reprises des lions à l'empereur de Chine ; ce fut sur ces échantillons que les Célestes se formèrent une idée de l'animal.

Un nommé *Ngô the Nam* écrivit une monographie du lion. « Il a, dit-il, la poitrine large, la queue longue, les membres robustes, son poil est soyeux, ses pattes sont souples, il marche sans bruit ; quand il est satisfait il agite la queue et les pattes de devant en balançant la tête à droite et à gauche ; quand il est en fureur, il montre les dents, ses yeux alors sont comme des éclairs et son rugissement ressemble au tonnerre. »

Sur le rivage de Tu Quoc se trouve une sorte de lion dont la voix a le pouvoir de disperser les fantômes ; il a les dents très longues, la tête couleur de bronze, la face couleur de fer ; ses yeux sont ronds et son museau très proéminent[1].

Sous les Nguyen, le roi de Ba Thu' offrit un lion à l'empereur de Tranh Dê ; celui-ci pour se divertir voulut lui faire combattre les animaux de sa ménagerie ; il le mit en présence de deux tigres qui se couchèrent à ses pieds ; on amena alors un ours aveugle, mais l'odeur du lion est tellement caractéristique que l'ours s'enfuit en hurlant[2].

1. Dong quan ky.
2. Ky Van.

En entendant le rugissement du lion, le cheval urine du sang[1].

Sous la dynastie Tông, le roi de Tay Vuc envoya

Fig. 52. — Le Lion. — *Con su' tu'.*

un lion à l'empereur. En arrivant à Yen Tay, les gens attachèrent le lion à un gros arbre près d'un puits; le lion fit entendre un long rugissement; aussitôt des nuages s'amoncelèrent, la pluie tomba

1. Ky Van.

avec violence et un dragon qui se trouvait dans le puits s'enfuit dans les airs [1].

Un bonze, nommé Than That, venant de l'Inde en Chine, traversait une forêt près de Dai Thang quand il entendit un grand bruit et vit tous les animaux s'enfuir affolés; quatre éléphants qui se trouvaient non loin de là se couchèrent dans un marécage et, avec leur trompe recouvrirent leur corps de vase. Soudain, trois lions sortant de la montagne arrivèrent en bondissant, écrasant les jeunes arbres sur leur passage; ils se précipitèrent sur les quatre éléphants qu'ils mirent en pièces [2].

Un homme, un jour, apporta à la cour des Nguyen un animal qui avait la tête d'un tigre et les pattes d'un chien, sa robe était bigarrée de vert et de noir; ne sachant quel nom lui donner, on le mit avec des tigres, des ours et autres bêtes féroces; celles-ci se mirent à trembler et se couchèrent; l'animal les flaira et leur urina sur la tête; il fut dès lors manifeste que l'on avait affaire à un lion d'une espèce particulière [3].

Luc-Khay, souffrant de la fièvre fit dessiner sur sa porte l'image d'un lion et se mit au lit. Pendant la nuit il entendit un bruit singulier devant sa maison, on aurait dit un combat de buffles; lorsqu'au matin suivant il ouvrit sa porte, il remarqua que le

1. Kê chich.
2. Id.
3. Kouang Su' loai.

lion peint avait la gueule ensanglantée. Quant à lui, la fièvre l'avait quitté, elle ne le reprit plus.

Le livre de Bat vat chi dit que si l'on se sert de la queue du lion en guise d'éventail, on est sûr de voir disparaître tous les moustiques.

L'auteur du *Ky Van* affirme qu'il y a des lions bleus et des lions blancs; ces derniers sont incomparablement plus forts que les lions ordinaires. Il ajoute que le lait des lionnes traverse les métaux les plus durs, et qu'on peut seulement le recueillir dans des vases de verre.

On se sert des excréments du lion pour faire l'encens nommé *Tho ho'p*[1].

Lorsque les Chinois font au Tonkin la promenade du Dragon, ils y associent parfois un animal fantastique dont le rôle est d'exciter et de provoquer sans cesse le dragon. Les Français du Tonkin appellent cet animal un *lion*, et telle est la force de persistance de la moindre erreur, accréditée par un insouciant, que l'on n'appelle plus maintenant cette cérémonie, même sur les affiches officielles, que la promenade du *lion* et du dragon.

Or, rien n'est plus inexact: nous avons eu l'occasion de dire ailleurs (voyez page 82) que l'antagoniste du dragon était le tigre, et que le tigre figurait là à titre symbolique, comme représentant le soleil qui, à l'origine du mythe, paraissait au printemps dans la constellation du *Tigre blanc*.

1. V. le livre *Hu'o'ng-pha*, traité des parfums.

Les savants des deux mondes ont écrit sur ce sujet des mémoires du plus haut intérêt.

LE BATON DES BONZES

On l'appelle *Cay thân tru'o'ng*, ou bien encore bâton de *Dia Tang*. C'est la crosse des bonzes; ils la portent seulement dans les grandes cérémonies et s'en servent pour les exorcismes.

La légende rapporte que les parents de Dia Tang étant en enfer, leur fils prit le parti de se faire religieux pour les racheter. Il se retira donc dans les montagnes, étudia, pria et macéra son corps de la façon la plus édifiante. Lorsqu'il eut acquis par ces pratiques le degré de pureté suffisant, il se présenta aux portes des enfers et frappa trois coups de l'extrémité d'un bâton qu'il portait; ce bâton était terminé par un cercle de cuivre dans lequel étaient enfilés des anneaux de même métal; les portes s'ouvrirent et les parents de Dia Tang furent ainsi délivrés.

Depuis ce temps, chaque année, à la fin du *Têt*, les bonzes procèdent à une cérémonie que l'on appelle l'« ouverture des enfers » et qui a pour objet la délivrance des âmes pour lesquelles des prières spéciales ont été dites ou d'importants sacrifices ont été faits pendant le courant de l'année; dans cette circonstance, les bonzes, en mémoire de la

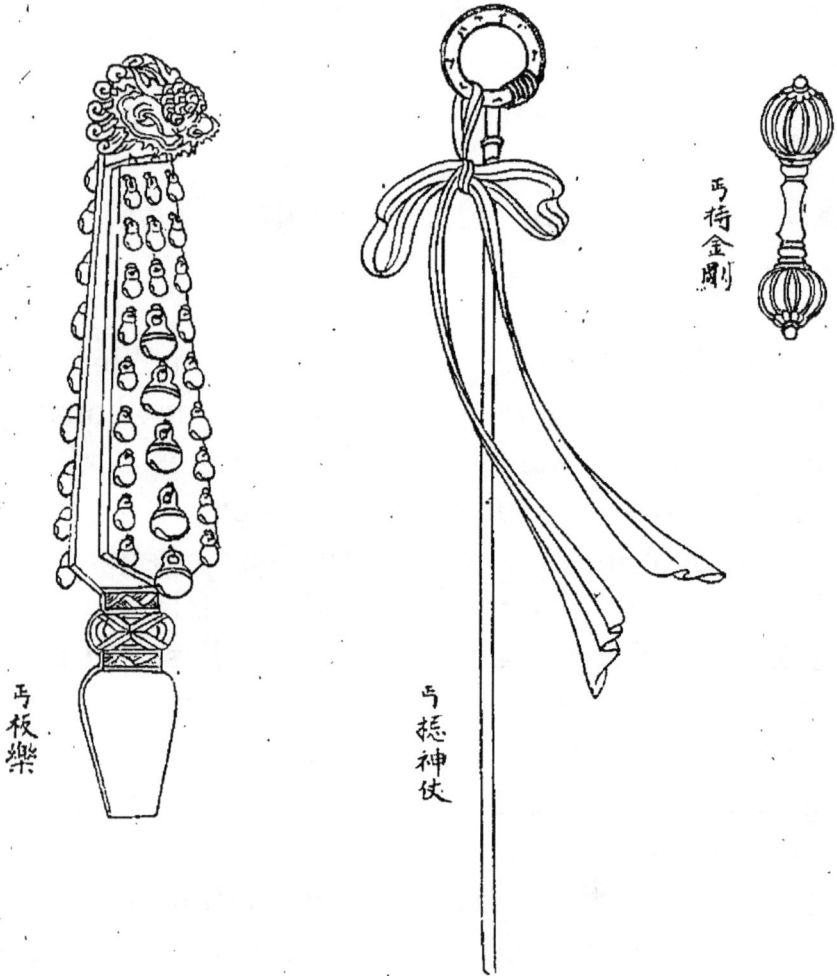

Fig. 53. — 1° La planche à grelots (*cài ban nhac*); 2° Le bâton des bonzes; 3° Le sceptre de diamant.

délivrance des parents du bouddha Dia Tang, se servent de leur bâton.

Ce bâton, en réalité, n'est autre que le bâton de *Fo* des bouddhistes chinois, le bâton de Bouddha, dont les Annamites ont perdu l'histoire. Il est dit dans le *Fo-Kouo-Ky* que, dans la ville de Hi-Lo qui devait être située aux confins de l'Afghanistan, du côté de la Perse, on conservait le *bâton de Bouddha* dans un temple spécialement consacré à cette relique : « Ce bâton est surmonté d'une tête de bœuf en santal, il est long de six à sept toises environ. On l'a placé dans un tube de bois d'où cent et même mille hommes ne pourraient le retirer. »

Le bâton est un des accessoires obligés du mendiant bouddhique, on l'appelle le bâton de prudence, de vertu, le *bâton à voix*, à cause du bruit que font les anneaux dont il est garni. Il y a un *rituel du bâton* (Sy tru'o'ng kinh) : il y est dit que le bâton doit être en étain parce que c'est le métal le plus léger; ici, on le fait aussi en cuivre, autour du cercle sont disposés des caractères sanscrits.

Les bonzes et les sorciers se servent également pour chasser les diables d'une sorte de sceptre en bronze (fig. 53), c'est l'attribut du Bodhisatva Vadjrapani, *le héros au sceptre de diamant.*

Quand les bonzes sortent avec leurs crosses, ils sont précédés de tambours, de tam-tams, de cymbales et autres instruments dont l'ensemble donne assez l'impression d'un charivari de clefs sur des pincettes; en tête de la procession on remarque parfois un instrument de forme étrange qu'on appelle *cái ban nhac*, la planche à grelots. Il se compose de deux planches de longueur inégale, dont l'une est articulée sur l'autre. Elles sont garnies dans leur longueur, de trois rangées de grelots de cuivre de plusieurs calibres. On frappe l'une contre l'autre ces deux planches pour ajouter le son des grelots au bruit de l'orchestre de tambours.

C'est un peu le chapeau chinois de nos orchestres.

TABLE DES MATIÈRES

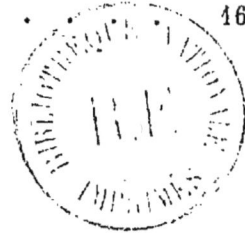

ANGERS, IMP. BURDIN ET Cⁱᵉ, RUE GARNIER, 4.

ERNEST LEROUX, ÉDITEUR
RUE BONAPARTE, 28

PUBLICATIONS DU MUSÉE GUIMET

BIBLIOTHÈQUE DE VULGARISATION

I

LES MOINES ÉGYPTIENS. — Vie de Schnoudi

Par E. AMELINEAU

In-18 . . . . 3 fr. 50

II

HISTOIRE DES RELIGIONS DE L'INDE

Par L. DE MILLOUÉ

In-18 illustré . . . . 3 fr. 50

III

LES HÉTÉENS. — Histoire d'un empire oublié

Par H. SAYCE

Traduit de l'anglais avec autorisation de l'auteur.
Préface et appendices, par J. MENANT, membre de l'Institut.

In-18 illustré . . . . 3 fr. 50

ANNALES DU MUSÉE GUIMET

Tomes I à XVII (En vente).
Tomes XVIII à XXII (Sous presse).
(Voir pour le détail le catalogue spécial)

PETIT GUIDE AU MUSÉE GUIMET

Par L. DE MILLOUÉ, Conservateur du Musée.
In-18 illustré. . . . . 1 franc.

ANGERS, IMP. A. BURDIN ET Cⁱᵉ, 4, RUE GARNIER.

www.ingramcontent.com/pod-product-compliance
Lightning Source LLC
Chambersburg PA
CBHW052348090426
42739CB00011B/2356